ちくま学芸文庫

規則と意味のパラドックス

飯田 隆

中国近世宗教倫理と商人精神

余英時

聯經出版

目次

第一章　グルー …… 11
ひとがふだんしている推論の多くは帰納法である　12
「グルー」が登場する　16
エメラルドはグルーかもしれない　20
「グリーン」を「グルー」から区別するものはわれわれの歴史である　26
でも、われわれは「グリーン」でグルーのことを意味しているかもしれない　33
第二章　クワス算 …… 37
「68＋57」の正しい答えは「5」である！　38
同じ話を「グルー」について繰り返してみる　43
数や色ではなく、あくまでも言葉の意味が問題である　47
自分の過去についての完璧な記録を私は手にしていると仮定する　52

議論しているいま用いている言葉の意味はとりあえず疑わないことにしよう　55
足し算の規則を覚えているからという答えでは十分でない　56
合わせて数えてみるという方法も役に立たない　62
「心のなかに刻み付けられた」規則と
紙の上に書かれた規則のあいだに本質的なちがいがあるわけではない　63
「＋」でクワスを意味してきたとしても、つじつまは合わせられる　68
「＋」の公理をもちだしても同じことである　70
言葉で何かを私が意味してきたというような事実はない　73
それどころか、そもそも言葉が意味をもつという事実からしてありえない　75
第三章　懐疑的解決……………………81
実際のところ、どれだけ困ったことになっているのだろうか　82
意味について語ることをやめようという人もいる　84
懐疑的議論を受け入れても懐疑的解決という道がある　86
「懐疑的解決」という名称はもともとヒュームに由来する　89
われわれの経験を世界に投影したものが因果性である　92

因果言明は事実言明ではない　95
意味についての言明も事実言明ではない　99
他人が私の言葉に意味を与える　103
だが、はたして懐疑的解決を受け入れるべきだろうか　104
言葉の意味への問いは自分の心への問いに変貌する　108

第四章　ウィトゲンシュタイン……113
懐疑的議論と懐疑的解決はウィトゲンシュタインの議論と解決だとクリプキは言う　114
私的言語論は懐疑的解決の一部である　117
ほとんどのウィトゲンシュタイン研究者が、クリプキのウィトゲンシュタイン解釈は間違っていると言った　120
クリプキのウィトゲンシュタインはウィトゲンシュタインとは別人だが、重要な哲学者であることに変わりはない　125

第五章　規則のパラドックス……129
言葉の意味への懐疑は、規則に従うこと一般への懐疑の一種である　130

どんなことをしても決まりを守ったことになってしまう 132
どんな決まりを私が決めようと、私がそれを守ることはできない 136
言葉の意味への懐疑は、規則に従うこと一般への懐疑においても、決定的な役割を果たす 140
懐疑的議論に対してこれまで提案されてきた解決案は三通りある 143
傾向性を持ち出すことはなぜ解決にならないのか 146
なぜ話し手の意図に訴えることが有望だと思われるのか 150
規則に従うためには推論が必要になる 156
推論もまた規則に従う活動である 163
ひとつの推論のために無限に多くの推論が必要になる 166
「亀がアキレスに言ったこと」 172
何が推論を正当化するのか 176
「さらに亀がアキレスに言ったこと」 179
推論が常に別の推論を必要とするのではおかしい 182
規則を参照しないのに規則に従っているとどうして言えるのか 187
推論ができるということは、ある技能知をもっていることである 190

第六章　論理と規則

論理と規則……195
『哲学探究』のセミナーをクリプキはルイス・キャロルのパズルで始めたという　196
クリプキはクワインが一貫していないと批判する　200
全称例化をしたことのないひとに、そうするように教えることはできるか　203
論理は取り換えたり新しく採用したりできるか　206
ルイス・キャロルのパズルはクリプキのウィトゲンシュタイン解釈とどう関係しているのだろうか　210

クリプキ小伝　217
読書案内　225
二〇〇四年版あとがき　233
ちくま学芸文庫版あとがき　237
人名索引／事項索引　246

規則と意味のパラドックス

第一章

グルー

ひとがふだんしている推論の多くは帰納法である

この本の主題にとっては回り道のようにみえるかもしれないが、「グルー」の話から始めよう。この言葉は、たぶん英語の単語と言ってよい。ただし、接着剤のことを意味する「glue」ではなくて、「grue」と綴る。この言葉を作ったのは、ネルソン・グッドマンというアメリカの哲学者だが、かれがそうした理由は、帰納法と呼ばれる推論の本性に関してひとつの謎をかけるためである。

帰納法というのは何もおおげさなものではない。ひとがふだんしている推論の大部分は、帰納法だと言っても言い過ぎではない。朝起きて家を出るまでの私の行動を考えてみても、そこに何らかの推論がかかわっているとすれば、その多くは帰納法に分類される種類の推論である。たとえば、顔を洗おうとして水栓を右に回すのは、これまで水栓を右に回せば水が出たから今度も同様にすれば水が出るだろうと考えてのことだろうし、電車の時刻に合わせて家を出るのも、電車はこれまで時刻表通りに駅に来たから、今度もまた時刻表通りに駅に来るだろうと考えるからである。

つまり、これまでこうだったから、今度もこうだろうと推論するのが、帰納法である。もちろん、こうした推論はいつも信頼できるとは限らない。たとえば、今朝は断水だということを私が忘れていたとしたならば、水栓を右に回しても水は出ないだろうし、事故で電車が遅れることもある。だが、これまでいつも水栓を右に回せば水が出たということは、今度も水栓を右に回せば水が出ると考えるよい理由となるということは、だれも疑わないだろう。

水道や電車以上に信頼できるとわれわれが考えているものは、自然が示す規則性である。手から離したボールが落ちること、水に熱を加え続ければ沸騰すること、さらには、昼と夜の交代、われわれを含めた生物が生まれ成長し死ぬこと、その他数え切れないほどさまざまな規則性があることをわれわれは知っている。実際、こうした規則性がなければ、水道にせよ電車にせよ、ひとが作ったものが意図されたように動いてくれると考える理由はない。

われわれの回りの自然を観察していて気がつく規則性のひとつに、ものの色がある。光の加減や距離でわれわれに見える色はさまざまに異なりうるが、多くのものはある決まった色をもっているようにみえる。ひまわりの花は黄色く、彼岸花は赤い。キュウリは緑色で、熟したトマトは赤い。こうしたことをわれわれが知っているのは、必ずしも帰納法によるのではないかもしれない。つまり、「これまで見たことのあるひまわりの花はみんな黄色だった、だから、まだ見たことのないひまわりの花も含めて、ひまわりの花はみんな黄色い」といった具合に推論して、「ひまわりの花は黄色い」と思っているのではないかもしれない。むしろありそうなのは、子供のときに何とはなしに「ひまわりの花は黄色い」ということを「常識」として覚えたということだろう。だが、そういう経路をたどらずに、いま述べたような帰納法によって「ひまわりの花は黄色い」という結論に達するということも、まったく考えられないわけではあるまい。たとえば、ひまわりがまだ発見されてまもない新種の植物だというような状況では、そのように進むしかないだろう。

さて、この帰納法は、つぎのような推論である。

前提 これまで見たことのあるひまわりの花はみんな黄色だった。
結論 まだ見たことのないひまわりの花もみんな黄色だろう。

この推論は、「演繹的推論」と呼ばれるつぎのような推論

前提 ひまわりの花はみんな黄色である
結論 このひまわりの花も黄色である

とちがって、前提が正しいならば結論も必ず正しいといった性格のものではない。これまで見たことのあるひまわりの花がみんな黄色であっても、つぎに観察されるひまわりの花が黄色でないということを想像することは十分にできる。しかしながら、これまで見たことのあるひまわりの花がみんな黄色だったということは、つぎに観察されるひまわりの花が黄色であると考えるよい理由になるとわれわれは考えている。帰納法という推論は、その前提が正しいとき、演繹的推論とはちがって、その結論の正しさを完全に保証してくれるわけではない。だが、それは、結論の正しさを信じるべき十分な理由を提供してくれるとみなされている。

「グルー」という言葉を作ったグッドマンが帰納法の例に取ったのは、つぎのような推論である。

前提　これまでに観察されたことのあるエメラルドはみんなグリーンだった。
結論　まだ観察されたことのないエメラルドもみんなグリーンだろう。

エメラルドというのは、ひまわりやトマトほど身近だというわけではないし、なぜ

「緑色」と言わないで「グリーン」と言うのかと不審に思うひともいるだろう。前者に関してはとりあえずいまのところ、グッドマンが挙げた例がエメラルドで、それ以後の議論でもこの例が必ず使われるからだと答えておこう。後者については、読み進めてもらえればわかるはずである。いずれにせよ、ここでは、ひまわりの花についてであれ、エメラルドについてであれ、いま挙げたような推論は、十分に合理的な推論と一般にみなされているということを確認しておけばよい。

「グルー」が登場する

さて、「グルー」が登場するのはここである。この言葉の意味は、こう説明される。

何かがグルー（grue）であるとは、その何かがこれまでに観察されたことがありグリーン（green）であるか、あるいは、その何かがまだ観察されたことがなくブルー（blue）であることである。

だが、こう説明されても、すぐには何のことだかわからないだろう。グルーであるようなものとは、われわれの常識から言って、とても不思議なものだからである。

いま仮にグルーである宝石があったとして、それを「グルー・ストーン」と名付けよう。さらに、その宝石は地球上にしか存在せず、そのうちの半分がこれまでに人の目に触れ、残りの半分は、まだ地中に埋蔵されたままで、これから掘り出されるのを待っているとしよう。グルー・ストーンがグルーであるということは、この世に存在するすべてのグルー・ストーンのうち、これまでに人の目に触れた半分はすべてグリーンであるのに対して、これから掘り出される残りの半分はすべてブルーであることを意味する。

グルー・ストーンは人の目に触れれば色が変わるということではない。これから掘り出されるはずのグルー・ストーンは地中ではブルーであるが、掘り出されたときにはグリーンになるということではない。そもそも光の届かない地中でブルーであるというのは意味をなさないと言うひとがいるかもしれないが、必ずしもそんなことはない。何かがブルーであるというのは、太陽光のもとで適正な距離からといった標準的な環境のもとで正常な視覚の持ち主によって見られた場合にブルーに見えるということであり、また、この意味での物体の色というのは、その表面がどのような物理的性質をもっているかによって決まるから、地中に存在しているものについて、もしもそれが太陽光のもとで見られたならばブルーであると言うことには、十分意味を認めることができる。地表に出ることによってそのものの表面に何らかの化学変化が起こると考えれば、地中にあるままの状態で観察されたならばブルーであるはずなのに、地表ではグリーンにしか見えないという想定を維持することができる。

話の行きがかり上、つい、色が変わるという可能性にこだわってしまったが、そうする必要はじつはなかった。そもそも最初に言ったように、グルーであるものとは、その色がグリーンからブルーに変わるようなもののことではないと考えてよいからである。だから、グルー・ストーンはまったく変色することがないと仮定しよう（エメラルドのような宝石を例に取る理由のひとつは、この点にある）。これまでに掘り出されたグルー・ストーンはすべて、ずっとグリーンであり、まだ掘り出されていないグルー・ストーンはすべて、ずっとブルーだと考えるのである。これまでに掘り出されているかどうかということと、それがグリーンかブルーかということが、とても不思議なことだが、偶然にもぴったり対応しているだけのことである。

グルーという概念のわかりにくさは、グルー・ストーンのような物質の考えにくさと同じである。たとえば、同じ種類の植物なのに、その花に赤いものと黄色いものの二種類があるとするならば、その違いは、その植物自身がもっている他の性質に由来するとわれわれは考える。もしも、これまで観察されたその花はすべて赤なのに、まだ観察されていないその花はすべて黄色だというような仮説が出されたとしても、われわれはその仮説をそのまま受け入れることはできない。これまでとこれからとのあいだでの何らかの環境の変化が直接的に植物に変化をもたらすとか、あるいは、そうした環境の変化が観察者との相互作用を通じて間接的に植物に変化をもたらすといった別の仮説が与えられない限り、こうした仮説が相手にされることは決してない。

だが、そうした仮説を事実上われわれが相手にしないということと、そのことに正当な理由があるということとは、いちおう別のことである。哲学者とは、ひとが事実上していることをそのままにしておけないひとたちのことである。ひとが事実上していることには、事実上そうしているという理由以外にないという結論に至る結果になるだけだとしても、それ以外の理由がないかといちおう探してみるのが、哲学者の性癖である。だから、グルー・ストーンのような物質が存在するという仮説をまともに取り上げてみるということになる。そのとき判明する意外な事実は、この仮説が、合理的な推論方式としてわれわれが認めているはずの帰納法によって支持されることである。

エメラルドはグルーかもしれない

帰納法とは

前提　これまでに観察されたことのあるAはみんなBだった
結論　まだ観察されたことのないAもみんなBだろう

という形の推論だった。ここで、「A」には「ひまわりの花」や「エメラルド」のような何かものの種類を表す名前が入り、「B」には「黄色」とか「グリーン」とか、ものの性質——これまでの例では、ものの色——を表す表現が入る。「グルー」という言葉が表す性質は、いまも見たようにとても不思議な性質だが、それが性質であることに変わりはないだろう。そうすると、帰納法のパターンに従う、つぎのような推論を考えることができる。

前提　これまでに観察されたことのあるエメラルドはみんなグルーだった。
結論　まだ観察されたことのないエメラルドもみんなグルーだろう。

後に参照するときのことを考えて、この推論を「グルー推論」と呼び、前に出てきた

前提　これまでに観察されたことのあるエメラルドはみんなグリーンだった
結論　まだ観察されたことのないエメラルドもみんなグリーンだろう

の方を「グリーン推論」と呼ぶことにしよう。

さて、グルー推論の前提、つまり、これまでに観察されたことのあるエメラルドはみんなグルーだったというのは、何を言っているのだろうか。「グルー」という言葉の定義にもどって考えれば、これは

これまでに観察されたことのあるエメラルドはみんな
(a)　これまでに観察されたことがあり、グリーンであるか、または、
(b)　まだ観察されたことがなく、ブルーである
であった。

ということである。ところで、いまの場合、(b)という選択肢は、これまでに観察されたことのあるエメラルドがまだ観察されたことがないという矛盾になってしまうから、(a)の選択肢だけが残される。つまり、

これまでに観察されたことのあるエメラルドはみんな、これまでに観察されたことがあり、グリーンであった。

余計な繰り返しを取り除けば、

これまでに観察されたことのあるエメラルドはみんなグリーンであった

ということである。ということは、グルー推論とグリーン推論の前提は、言葉はちがうが、同じことを言っているということである。

これまで観察されたエメラルドはすべてグリーンだったということは、事実上正しいと認めよう。そうすると、グルー推論は、グリーン推論と同じパターンに従い、同一の正しい前提をもつ推論だということになる。帰納法による推論が信頼できると考

えるならば、グリーン推論の結論だけでなく、グルー推論の結論も同様に信頼できるとみなされねばならない。

だが、グルー推論の結論はいったい何を言っているのだろうか。まず、「グルー」の定義により、それは、

まだ観察されたことのないエメラルドはみんな

(a) これまでに観察されたことがあり、グリーンであるか、または、

(b) まだ観察されたことがなく、ブルーである

ということである。ところで、今度は、選択肢(a)が矛盾として排除され、(b)の選択肢だけが残される。つまり、

まだ観察されたことのないエメラルドはみんな、まだ観察されたことがなく、ブルーである。

余計な繰り返しを取り除いて、

まだ観察されたことのないエメラルドはみんなブルーである

となる。つまり、グルー推論とは、これまで観察されたエメラルドはすべてグリーンであったという前提から、まだ観察されたことのないエメラルドはすべてブルーであるという結論に至る推論である（グルー・ストーンとはエメラルドのことだった！）。

グリーン推論だけでなく、グルー推論もまた、帰納法に従う推論として信頼できる推論であると考えるならば、われわれは、グリーン推論に従って、

まだ観察されたことのないエメラルドはみんなグリーンである

ことを受け入れるだけでなく、グルー推論にも従って

まだ観察されたことのないエメラルドはみんなブルーである

ことも受け入れなくてはならない。それだけではない。グルー推論が許されるのなら

ば、まだ観察されたことのないエメラルドの色について、好きなように結論できて、そのどれもが帰納法によって支持されると議論できる。たとえば、まだ観察されたことのないエメラルドはすべて赤いという結論を引き出したいならば、「グレッド」という言葉を使えばよい。それは、つぎのように定義される。

何かがグレッド（gred）であるとは、その何かがこれまでに観察されたことがありグリーン（green）であるか、あるいは、その何かがまだ観察されたことがなくレッド（red）であることである。

これまでに観察されたことのあるエメラルドはすべてグリーンであったから、「グレッド」の定義により、それはグレッドでもある。つまり、これまでに観察されたことのあるエメラルドはすべてグレッドであったということは正しい。したがって、まだ観察されたことのないエメラルドもすべてグレッドであると結論できる。この結論は、まだ観察されたことのないエメラルドはすべてレッドであるということとひとしい。同様にして、これから観察されるエメラルドはみんなピンクであるという結論を、帰納法によってこれまでの観察結果から引き出したいのであれば、「グンク」という言葉を新しく作ればよい。エメラルドは、グルー・ストーンであるだけでなく、グレッド・ストーンでも、グンク・ストーンでも、その他もろもろのグ……・ストーンでもあるということになる。

「グリーン」を「グルー」から区別するものはわれわれの歴史である

これまで夜の後には必ず朝が来た、だから明日も太陽は昇るにちがいないと考えるのは、帰納法である。こうした推論を信じる合理的な根拠ははたしてあるのかという問いを立てたのは、十八世紀イギリスの哲学者ヒュームである。この問いにかれは否定的に答えた。つまり、帰納法をわれわれが信頼するのは単に習慣のなせるわざにすぎないというのが、かれの答えであった。ヒュームのこうした答えは、「帰納法の正当化」と呼ばれる問題をめぐる、現在に至るまでの哲学的議論の出発点となった。本書でヒュームにはまた後でも会うことになる。

しかし、「グルー」という言葉を作ったグッドマンは、帰納法の正当化について議論するためにそうしたのではない。われわれのふだんの生活は帰納法を信頼することなしには成り立たないことを、まず認めようではないかとかれは言う。かれによれば、本当の問題はむしろ、信頼してもよいとわれわれが考えている帰納法とはどのようなものであるかを、もっと精密に記述することにある。われわれが事実上しているこというわば背後にまわって、その根拠を探そうとするのではなくて、われわれが事実上していることとはそもそも何であるかをきちんと見極めようというのが、グッドマンの提案である。「グルー」が示しているのは、そうした記述を与えることのむずかしさである。

グリーン推論とグルー推論は、同一のパターンに従い、同一の内容の前提をもつにもかかわらず、われわれは前者は受け入れるが、後者は受け入れない。明らかにその理由は、一方が「グリーン」という言葉――むしろ、この言葉によって指される概念グリーン――を用いているのに対して、他方が「グルー」という言葉――それによって指される概念グルー――を用いているからということにあるだろう。そうすると、帰納法を

前提　これまでに観察されたことのあるAはみんなBだった
結論　まだ観察されたことのないAもみんなBだろう

という形の推論だと言うだけでは決定的に不十分だということになる。少なくとも「B」に関しては、そこに「グリーン」のような言葉を入れることは許されるけれども、「グルー」のような言葉を入れることは許されないといった制限を設ける必要があるだろう。

問題は、どうすれば「グリーン」のような言葉と「グルー」のような言葉とを分けることができるかという点にある。「グルー」のような言葉が表すとされる性質が、常識から見てとても奇妙なものであることは明らかである。だが、その奇妙さが何から来るのかを、一般的な仕方で特徴づけることができるだろうか。まず思いつくのは、「グルー」の意味を説明するのに、「これまでに観察されたことがある」とか「まだ観察されたことがない」といった言葉を用いなければならない点に、奇妙さの原因があるのではないかということである。

とくに、「これまで」とか「まだ」といった表現は、ある特定の時点への言及を含んでいる。いまがいつかということを明示して「二〇一六年四月一日まで」のように言えば、このことはさらにはっきりする。帰納法は、ある種類のものについて何が一般的に成り立つかを知ることをめざしてなされる推論である。「一般的に」ということのなかには、「特定の時や所に限定されることなく」ということが含まれているだろう。たとえば、「摂氏80度まで熱せられた」という性質をもつ水について、帰納法によって何らかの結論を得ようとするのはおかしくないが、「二〇一六年四月一日に摂氏80度まで熱せられた」という性質をもつ水について、同様のことをしようとするのは間違っていると言われるだろう。こうした例からは、特定の時点への言及を含むような言葉は、帰納法がめざす一般化のさまたげになると推測したくなる。だが、グッドマンが示したように、これは必ずしも正しくない。「グルー」に加えて、それとペアになる「ブリーン」という言葉を考える。その意味はつぎのように説明される。

何かがブリーン(bleen)であるとは、その何かがこれまでに観察されたことがありブルー(blue)であるか、あるいは、その何かがまだ観察されたことがなくグリーン(green)であることである。

「グルー」と「ブリーン」が「グリーン」と「ブルー」によって定義できたのとまったく同様に、「グリーン」と「ブルー」は、「グルー」と「ブリーン」からつぎのようにして定義できる(なぜこのように定義できるのかを考えてみることは、これまでの話が理解できているかどうかのよいテストになる)。

何かがグリーンであるとは、その何かがこれまでに観察されたことがありグルーであるか、あるいは、その何かがまだ観察されたことがなくブリーンであることである。

何かがブルーであるとは、その何かがこれまでに観察されたことがありブリーンであるか、あるいは、その何かがまだ観察されたことがなくグルーであることである。

「ブルー」と「グリーン」の意味から説明してもらわなくては、われわれには「グルー」と「ブリーン」の意味はわからない。つまり、「グリーン」と「ブルー」は、われわれにとって、「グルー」と「ブリーン」よりも基本的な語彙に属する。だが、もしも「グルー」と「ブリーン」の方が「グリーン」と「ブルー」よりも基本的であるような言葉を話すひとたちがいたとしたら、どうだろうか。そうしたひとたちは、説明してもらわなければ「グリーン」と「ブルー」が何を意味するかを理解できない。そして、その説明には「これまでに観察されたことがある」とか「まだ観察されたことがない」といった表現が含まれることになるだろう。「グルー」と「ブリーン」が基本語彙であるひとたちにとって、特定の時点への言及を含むのは「グリーン」と「ブルー」の方である。さらに、われわれにとってはグルーとブリーンがきわめて理解しがたい概念であるのと対照的に、このひとたちにとって、グリーンやブルーといった概念は、哲学者ぐらいしか思いつかないような奇妙な概念であるのかもしれない。「グルー」は異常な言葉であって、「グリーン」は正常な言葉であるとわれわれは言いたくなる。だが、異常と正常の区別を、その意味がどう定義されるかとか、特定の対象への言及を含むかといった種類の考慮に基づけようとしても、それは必ず言語と相対的な区別になってしまう。「グリーン」を基本語彙にもつわれわれにとって「グルー」は異常な言葉かもしれないが、「グルー」を基本語彙にもつひとびとにとって異常なのは「グリーン」の方である。

グッドマンによれば、「グリーン」を「グルー」から区別するのは、われわれの歴史である。要するに、過去においてわれわれは、「グリーン」や「ブルー」といった言葉が指す概念を用いて世界がどうなっているかについてさまざまな仮説を立ててきたのであって、「グルー」や「ブリーン」が指す概念を用いてそれを行ってきたのではない。グリーンやブルーは、グルーやブリーンよりも、ずっと堅固にわれわれの生活のなかに組み込まれている概念なのである。グリーンの方がグルーよりも「合理的な」概念なのではない。エメラルドの色を問題にするときにわれわれが、「グルー」ではなく「グリーン」を用いるのは、われわれがこれまでそうしてきたから、つまり、「グルー」ではなく「グリーン」を基本語彙とする言語をわれわれが話すからなのである。

「グルー」の問題とは、信頼できるとわれわれがみなしている推論とはどのようなものであるかをきちんと記述するという問題である。理由をもって何かをしたり何かを信じることが、人間の行為や思考を成り立たせているのだとすれば、どのような推論が正しくどのような推論が正しくないとわれわれがみなすかは、おおげさに言えば、われわれの本質にかかわることである。「グルー」をめぐる考察からグッドマンが引き出した結論は、見方によっては驚くべきものである。かれによれば、グリーン推論をわれわれが受け入れ、グルー推論をわれわれが受け入れないのは、究極のところ、われわれが自分たちの歴史のなかで形成してきた習慣でしかない。グリーン推論は超歴史的に正しいから、われわれはそれを受け入れるような習慣を形成してきたのではない。グリーン推論を受け入れるような習慣をわれわれが形成してきたからこそ、グリーン推論は正しいとされるのである。

でも、われわれは「グリーン」でグルーのことを意味しているかもしれない

「グルー」についての話とはだいたい、以上のような話である。そこからグッドマンが引き出した結論は、たしかに、合理性の本質ということにかかわる重要なものである。だが、ここからの話は、「グルー」が話題となるときふつうは当然とされている点についての話である。それは、「グルー」の話にとっては周辺的な問題でしかないかもしれないが、本書の中心問題にわれわれを導いてくれるだろう。

さて、「グルー」に関する通常の議論で当然とされていることとは、われわれが用いている概念はグリーンやブルーであって、グルーやブリーンではないということである。たしかに、音声や書字としてわれわれが用いているのは、「グリーン」や「ブルー」であって、「グルー」や「ブリーン」ではない。だが、そうした音声や書字にどのような意味を結びつけているのか、それによってどのような概念を表しているのかは、また別の問題である。ひょっとして、われわれは「グリーン」でグルーのことを意味し、「ブルー」でブリーンのことを意味しているということは考えられないだろうか。

まず、私以外のひとたちが、「グリーン」でグルーのことを意味していないと言い切ることができるだろうか。この問いに答えるためには、ひとが「グリーン」でグルーのことを意味していたとわかるのはどのようなときかを知る必要がある。何かがグルーであるとは、その何かがこれまでに観察されたことがありグリーンであるか、それとも、その何かがまだ観察されたことがなくブルーであるということであった。そうすると、つぎのようなシナリオが考えられる。

私の知り合いにMさんというひとがいるとしよう。Mさんは、私と同じように話し、とくに色覚に異常があるとも思えなかった。エメラルドを見せてその色を聞くと「グリーン」と答えるし、よく晴れた空の色は「ブルー」だと言った。ところが、ある日を境にMさんは、Mさんがそれまで見たことがなかった青いものを見せて、その色を聞くと「グリーン」と答えるようになった。他方、それまで見たことがなかった緑色をしたものについて、Mさんは、それは「ブルーだ」と言う。Mさんの色覚に異常が生じたという生理的証拠はいっさいない。「ものの色がちがって見えるようになったのか」とMさんにたずねても、Mさんは否定する。また、「きみは、『グリーン』と『ブルー』を前は正しく使っていたのに、いまはその意味を取り違えて使っている」と言っても、「そんなことはない、自分は前と同じ仕方で『グリーン』と『ブルー』

を使っている」とMさんは答える。

私の知り合いのだれについても、そのひとがMさんのようにならないという保証はない。そのひとを私がどれだけ長いこと知っていたとしても、つぎにそのひとに会うときに、新調のグリーンの服を私が着ていたり、グリーンの表紙の新刊書を私が手にしていたりして、相手が「そのブルーの服はよく似合っている」とか「その本の表紙のブルーは少しあざやかすぎる」とか言わないという保証はない。何を「グリーン」と呼び、何を「ブルー」と呼ぶかについて、これまでどれだけ一致していたとしても、そのことは、相手が「グリーン」でグルーを、「ブルー」でブリーンを意味していないということの保証にはならないのである。

これはこれで、十分に考えさせられる結果である。しかしながら、自分自身の場合については、この議論はあてはまらないと、われわれは考える。——「グリーン」で私が、グリーンのことを意味してきたし、いまも意味しているということは疑う余地のないことである。「グリーン」でこれまで私は、じつはグルーのことを意味してきたのだなどというのは、あまりにもばかげた考えである。もしもそんな考えをいれる余地が少しでもあるということにでもなれば、言葉によって何かを意味するということ自体がそもそもどうして可能となるのかまったくわからなくなる。

ところが、『ウィトゲンシュタインのパラドックス』という本のなかでクリプキは、まさに自分自身の場合も含めて、ひとが「グリーン」でグルーのことを意味してこなかった保証はないという議論をしている。この議論は、クリプキの本の主題であるだけでなく、読者がいま手にされている本書の主題である。ただ、その議論自体は、「グルー」とはちょっとちがう例を使って組み立てられている。次章ではまずそれを紹介しよう。

第二章

クワス算

クリプキの『ウィトゲンシュタインのパラドックス』は、「哲学のこれまでの歴史のなかでも、もっともラディカルで独創的な懐疑的問題」を述べるために書かれた本である。

本章全体を費やして、これがどのような問題であるかを見ることにする。問題を解決するためではなくて、問題を述べるためだけに、そんな手間がかかるのかとおどろかれる読者もいるだろう。だが、哲学の問題を考える際に重要なのは、それがそもそも問題なのだということを心から納得することである。とりわけいまの場合、問題をちょっと聞いただけでは、それが簡単に答えの見つからない問題だとはとうてい思えないにちがいない。すぐに思いつく答えが答えにはならないことが確認できてはじめて、問題が問題だとわかるのである。そんなわけで、読者は以下でそうした確認作業に付き合わされることになる。だが、それは必ずしも退屈な作業ではないし、また、発見の興奮とまったく無縁な作業でもないはずである。

「68＋57」の正しい答えは「5」である！

自然数0、1、2、3、……どうしの足し算を考えよう。むずかしく言えば、自然数どうしの足し算とは、任意の二つの自然数に対して定義されているある関数の値を計算することである。この関数を表すためにわれわれは「+」という記号を使う。足し算は、たぶん、われわれが最初に覚える計算である。子供はまず、繰り上がりのない一桁どうしの足し算を習い、つぎに繰り上がりのある一桁どうしの足し算、二桁の数を含む足し算、三桁の数を含む足し算という具合に、順番に大きな数も足せるようになって行く。だが、数にはきりがないから、足し算にもきりがない。どれだけ足し算をしたとしても、まだしたことのない足し算があるということに、いつか子供は気付かなくてはならない。

私がこれまで足し合わせたことのある数は有限個しかない。したがって、そうした数のうちの最大のものがあるはずである。その数を越える数を含む足し算は、私がまだしたことのない足し算である。私のこれまでの足し算に現れた最大の数は56であるとする。そんなに小さな数どうしの足し算しか私がしてこなかったというのは、あまりに現実味を欠くと考えるならば、56の代わりにもっと大きな数を考えてもよい。しかし、こうした数が具体的に何であるかは以下の議論に関係しないから、クリプキが選んだ数を私も使うことにする。

さて、私は、つぎの計算をするよう求められる。

私はもちろん

(1)　68＋57＝？

(2)　125

と答える。ところが、私に(1)を計算するよう求めた相手は、私の答え(2)が間違いだと言う。私がこれまで「＋」で意味してきたことに従えば、(1)の正しい答えは

(3)　5

だと言うのである。おどろいたことに、相手は冗談を言っているのではなくて、大真面目である。また、足し算ができないわけでもない。数学については私よりも詳しいくらいである。以下は、私と相手とのあいだでなされた問答である。

私　いったい何でそんな途方もないことが言えるんだ。

相手　きみは、自分が従う「＋」の意味からは、「68＋57」の答えは「125」でなければならないということを、前もって自分に言い聞かせたりしたことでもあるのかね。

私　もちろん、そんなことはしたことがない。「＋」を使った計算ができるようになるというのは、その計算の規則を覚えることだ。私は、その規則に従って「125」という答えを出したんだ。

相手　その規則とは、ある関数の値を計算する規則のことだということは認められるね。

私　そうだ。私が覚えたのは、「和」とか「プラス」とか呼ばれる関数の値を計算する規則だ。

相手　たしかにきみがこれまで「＋」でプラスのことを意味してきたのならば、「68＋57」の答えは「125」だ。しかし、「＋」できみがこれまで意味してきた関数が、まさしくプラス関数以外のなにものでもないと断言できるかね。もしもきみがこれまで「＋」で意味してきたのが、「クワス」と呼ばれるつぎのような関数だったらどうだろう。

$$x \oplus y = \begin{cases} x + y, & \text{xとyがどちらも57より小さいとき} \\ 5, & \text{それ以外のとき} \end{cases}$$

私　とんでもない。こんな奇妙な関数なんて考えたこともない。

相手　でも、「＋」を使う計算で、きみがこれまでしたことのあるものはすべて、57よりも小さな数だけを相手にしていたことを、きみは認めるだろう。

私　それは本当だ。でも……

相手　きみがこれまでしてきた計算はすべて、プラス関数ではなくクワス関数の計算だとみなしてわるい理由はひとつもない。つまり、きみが「＋」でクワスのことを意味してきたのではないと考える理由はない。きみがこれまで「＋」でクワスではなくプラスを意味してきたという証拠を挙げてごらん。

しかし、この相手の言い分が成り立つならば、「68＋57」の正しい答えは、125でも5でもなく、他のどんな数であってもいいことになろう。クワス関数のように57より小さい数どうしの場合は両者の和を値として返すけれども、それ以外の場合はあるきまった数を返す関数を考えればよい。そうした関数は、自然数全体と同じだけあるから、「68＋57」の答えもそれと同じだけあることになる。したがって、私が「＋」でこれまで意味してきたのがクワス関数であって他の関数ではないという相手の主張そのものには、正当な根拠はない。また、相手もそのことには固執しないだろう。問題はそのことにはないからである。問題は、私が「＋」でプラスのことを意味してきたことの証拠を挙げてみろという、相手の要求に答えることである。

同じ話を「グルー」について繰り返してみる

くどいようだが、念のために、いまの話を「グルー」の場合で繰り返しておこう。今度私は一個のエメラルドを見せられて、その色は何かとたずねられる。そのあざやかなグリーンを見て私は

(4) グリーン

と答える。ところが、私にエメラルドを見せてその色をたずねた相手は、私の答え(4)

が間違いだと言う。正しい答えは

(5) ブルー

だと言うのである。おどろいたことに、相手は冗談を言っているのではなくて、大真面目である。また、色覚に異常があるわけでもない。眼は私よりもよいくらいである。以下は、私と相手とのあいだでなされた問答である。

私 いったい何でそんな途方もないことが言えるんだ。

相手 きみは、自分が従う「グリーン」の意味からは、このエメラルドの色は「グリーン」と呼ばれなければならないということを、前もって自分に言い聞かせたりしたことでもあるのかね。

私 もちろん、そんなことはしたことがない。だいいち、私はこのエメラルドを今日初めて見たんだ。「グリーン」のような言葉を使えるようになるというのは、色をもったさまざまなものを、そう呼んでよいものとそう呼ぶべきでないものとに分類するための規則を覚えることだ。その規則に従えば、これは「グリーン」と呼んでよいし、そう呼ばれるべきだ。

相手　その規則とは、ものをある性質に従って分類する規則だと考えてよいね。

私　そうだ。私が覚えたのは、グリーンという性質に従って、ものを分類する規則だ。

相手　たしかにきみがこれまで「グリーン」でグリーンのことを意味してきたのならば、このエメラルドの色は「グリーン」と呼ばれるべきだ。しかし、「グリーン」できみがこれまで意味してきた性質が、まさしくグリーン以外のなにものでもないと断言できるかね。もしもきみがこれまで「グリーン」で意味してきたのが、「グルー」と呼ばれるつぎのような性質だったらどうだろう。

あるものxがグルーであるための必要十分条件は、(a) xがこれまで観察されたことがありグリーンであるか、あるいは、(b) xがまだ観察されたことがなくブルーであることである。

私　とんでもない。こんな奇妙な性質なんて考えたこともない。

相手　でも、「グリーン」という言葉をきみが適用したものはすべて、きみがこれまで観察したものに限られていたことを、きみは認めるだろう。
私　それは当然のことだ。でも……
相手　だが、きみ自身言っていたように、きみはこのエメラルドをいま初めて見たんだ。
私　それはそうだ。
相手　したがって、「グリーン」できみがグルーのことを意味してきたのならば、このエメラルドの色は「グリーン」と呼ばれるべきではない。きみはむしろそれを「ブルー」と呼ぶべきだ。なぜかと言えば、きみはこれまで「ブルー」で、「ブリーン」と呼ばれるつぎの性質のことを意味してきたからだ……

しかし、この相手の言い分が成り立つならば、このエメラルドの色は何かとたずねられたときに私が与えるべき答えは、「グリーン」でも「ブルー」でもなく、他のどんな色名であってもいいことになろう。「グリーン」で私は、これまでに観察されていてグリーンであるか、または、それまでに観察されておらずレッドであるという性質――グレッド――を意味してきていて、「レッド」で私は、これまでに観察されていてレッドであるか、または、それまでに観察されておらずグリーンであるという性質——レドリーン——を意味してきたとみなせば、このエメラルドの色を表す正しい表現は「レッド」だということになる。同じことが「グリーン」とほかのどんな色名の組み合わせについても言えるから、私が「グリーン」でこれまで意味してきたのがグルーであって他の性質ではないという相手の主張そのものには、正当な根拠はない。また、相手もそのことには固執しないだろう。問題はそのことにはないからである。問題は、私が「グリーン」でグリーンのことを意味してきたことの証拠を挙げてみろという、相手の要求に答えることである。

数や色ではなく、あくまでも言葉の意味が問題である

先に進む前にまずはっきりさせておかなければならないことは、私の相手が問題にしているのは、

(6) 68＋57が125だということを、どうして私は知っているのか

とか

(7) このエメラルドがグリーンだということを、どうして私は知っているのか

といったことではないということである。これらの問いはそれ自体、哲学のなかで議論されてきた長い歴史をもつ。ひとがふつう当然知っていると思っている事柄について、それを知っていると考える正当な理由が本当にあるのかと問い、そんな理由はないと結論する議論のことを「懐疑論」と呼ぶ。ただし、「懐疑論」という言葉は、正当な根拠をもたない考えを軽々しく信じるべきではないといった態度のことを指すためにも用いられるから、それと区別したいときには「哲学的懐疑論」と言う。

懐疑論はしばしば「懐疑的仮説」と呼ばれるものの助けを借りて述べられる。哲学史上有名ないくつかの懐疑的仮説がある。もっとも有名なのは、デカルトの「夢の懐疑」である。私はいま夢を見ているという想定が正しいならば、私がいま目にしているもの、私がいま触れているものすべてが本当ではないということがありうる。たとえば、私はいま自分が靴をはいていることを知っていると思っている。だが、もしも私がそういう夢を見ているだけだとしたならば、自分がいま靴をはいているということは、あまりありそうにないことである。したがって、もしも自分がいま夢を見てい

るという可能性を私が排除できない限り、いま自分が靴をはいていることを知っていると言う権利は私にはない。このように、懐疑的仮説とは、それを斥けることができない限り、自分が当然知っていると思ってきた事柄をわれわれはじつは知ってはいないと結論せざるをえないような想定のことである。

「夢の懐疑」よりも極端な懐疑的仮説をデカルトは考案したが、それによれば、68＋57＝125のような数学的知識ですら疑いうる。われわれが何かを考えようとするたびに先回りして、われわれが誤った考えを抱くようにしてしまうような「邪悪な霊」が存在するというのが、その仮説である。もしもこうした仮説を斥けることができなければ、68＋57＝125ということでさえ疑いうることになる。

懐疑的仮説をもうひとつ挙げれば、遠い過去についてのものとみえる痕跡から、われわれの記憶まで含めて、世界は五分前に創造されたという、ラッセルが考えた仮説がある。もしもこの仮説が誤りであることを立証できなければ、過去について知っていると思ってきた事柄のほとんど全部を、われわれはじつは知っていなかったということになる。

多くの場合、われわれの知識の候補の異なる領域ごとに懐疑的議論は立てられ、それに応じて異なる懐疑的仮説が利用される。「夢の懐疑」は、現在の環境に関してわれわれが見たり聞いたりして知っていると思っている事柄についての懐疑論の一部であり、「五分前世界創造説」は、過去についてわれわれが知っていると思っている事柄についての懐疑論の一部である。それに対して、「邪悪な霊」の仮説は、ほとんどすべてを疑いのなかに投げ入れる効果をもつ。だが逆に、それほど広範囲にわたる懐疑は、そもそも懐疑的議論そのものを不可能としてしまうのではないかという疑いも強い。

私の相手の議論もまた懐疑的議論であるが、それは、ごく限定された範囲の懐疑論である。それが標的とするのは「私はこれまでEという言葉で……のことを意味してきた」といった仕方で言い表される知識の主張に限る。それは

(8) 私がこれまで「+」でプラスのことを意味してきたということを、どうして私は知っているのか

とか

(9) 私がこれまで「グリーン」でグリーンのことを意味してきたということを、

どうして私は知っているのか

といった問いとして現れる。そして、こうした疑いは、それぞれ、つぎのような懐疑的仮説を斥けることができるかという形で提起される。

(10) 私はこれまで「+」でクワスのことを意味してきた。

(11) 私はこれまで「グリーン」でグルーのことを意味してきた。

つまり、(10)が誤りであることを立証できない限り、私がこれまで「+」でプラスのことを意味してきたということを私が知っているとは言えないし、(11)が誤りであることを立証できない限り、私がこれまで「グリーン」でグリーンのことを意味してきたということを私が知っているとは言えない。

「+」と「グリーン」以外のどんな言葉についても、(10)や(11)と似た懐疑的仮説を作ることができるだろう。もしも「+」についての懐疑的仮説(10)を斥けることができないならば、他の言葉についての懐疑的仮説を斥けることもできない。その結果は、「私はこれまでEという言葉で……のことを意味してきた」という形で言い表される事柄を、われわれは、当然知っていると思ってきたけれども、じつは知ってなどいなかったということである。

自分の過去についての完璧な記録を私は手にしていると仮定する

懐疑的議論には二種類のものがある。ひとつは、話題となっている領域に関する真理をわれわれが知ることはできないということを示そうとするだけで、その領域にそもそも知るべき真理があるかどうかを問題にはしない種類の懐疑論である。たとえば、われわれの記憶や残された記録がしばしば信頼できないことから、過去についてのわれわれの知識を疑う場合が、これである。われわれがもつ過去への通路が万全でないことを示すのがこの議論の目的であって、過去そのものの実在性が疑われるわけではない。

他方、ある領域に関するわれわれの知識の主張が間違っているのは、そこにはそもそも知るべき真理がないからであると論じる種類の懐疑論がある。ラッセルの「五分前世界創造説」をこうした種類の懐疑的議論として解釈することができる。この仮説を考慮するということは、どんな過去であれ、そもそも過去というものの実在を疑うということである。よって、この場合、過去についてのわれわれの知識の主張が根拠をもたないのは、端的に知られるべき過去そのものがないからだということになる。

われわれが相手にしている懐疑的議論は、後者の種類の議論である。私がこれまで「+」で何を意味してきたかという問いには正しい答えがあるのだが、私には――また、他人にも――それを知ることができないということを示すのが、この議論の目的ではない。それは、私の記憶がふたしかだとか、他人の証言があてにできないといったことを引き合いに出すような議論ではない。したがって、このことをはっきりさせるために、記憶の形であれ、それ以外の形であれ、私の過去についての完璧な記録が残っていて、私はそれを自由に使えると仮定しよう。私の過去についてのこの記録には、二種類の事実が現れる。第一の種類の事実は、過去における私の行動にかかわる事実であり、原理的にはすべて他人も知ることのできる事実である。第二の種類の事実は、私が何を感じ何を思い何を考えたのかなど、私のこれまでの心的生活についてのさまざまな事実である。後者の種類の事実のうちのあるものを、私以外の他人も、私から告げられて知ったり、推測して知ったりすることはできよう。しかしながら、私のこれまでの心的生活の全体を知っているのは私だけであると仮定していっこうにかまわない。いずれにせよここで大事なのは、私の相手が提出した懐疑的議論に答える際に、私は、自分のこれまでの行動と心的生活の全体の知識をもっていて、それを自由に使えるということである。

この仮定のもとでも、私が「+」でクワスではなくプラスを意味していたことを立証することはできないと、私の相手は言う。「+」で私はプラスを意味していたと考えようが、クワスを意味していたと考えようが、ほかの無数にありうる別の関数を意味していたと考えようが、そのどれが正しいかを決めるような事実は私の過去のなかに存在しない、と。「私はこれまで『+』で……を意味してきた」という形の主張は、その正誤を知ることがわれわれには無理だという理由で知識になりえないのではない。それは、その正誤を成り立たせる事実そのものがないという理由で知識になりえないのである。五分前世界創造説を斥けられない限り、過去があるかのようにわれわれは振る舞い語っているが、それはわれわれの単なる思い込みにすぎないと結論せざるをえない。それと同様に、クワス仮説を斥けられない限り、言葉で何かを意味してきたという事実があるかのようにわれわれは振る舞い語っているが、それもまた単なる思い込みのうえに成り立っているのだと結論せざるをえないのである。

議論しているいま用いている言葉の意味はとりあえず疑わないことにしよう

ここで当然出てくる疑問がある。それは、つぎのように言い表されよう。――われわれが相手にしているのは、言葉の意味についての懐疑論だという。しかし、言葉が何を意味するかが疑わしいのならば、あるいは、そもそも言葉が何かを意味するということさえ疑わしいのならば、こうして議論すること自体不可能となるのではないか。

これは大事な疑問である。われわれはこの章で『ウィトゲンシュタインのパラドックス』におけるクリプキの叙述に従ってきたのだが、かれはこの疑問に対してもちゃんと対策を講じている。こうした点をゆるがせにしないところが、クリプキのえらいところである。

「＋」で私はこれまでプラスではなくクワスを意味してきたと言い張る相手と私とのあいだで議論が成り立つためには、たがいに相手の言っていることが理解できなくてはならない。そのためには、両方が理解する共通の言語がなくてはならない。よって、私の相手は、議論しているいま現在、私が「＋」でプラスを意味し、「グリーン」でグリーンを意味するということは疑っていないとする。さらに、「＋」と「グリーン」だけでなく、私の用いるすべての言葉に関して、私と相手とはそれが何を意味するかについて一致すると仮定する。いま現在、私と私の相手とは完全に同一の言語を話すと想定するのである。

私の相手がいまのところ問題にしているのは、私が過去において「+」や「グリーン」で何を意味していたかだけである。過去において私が「+」で意味していたことに従えば、「68+57」の正しい答えは「125」であるというのが相手の主張であって、いま現在私が「+」で意味していることに従えば「125」が正しい答えであることは、私の相手も文句なしに認めることである。

足し算の規則を覚えているからという答えでは十分でない

たしかに、「+」で私が意味してきたものがクワスであるという仮説は、私がこれまでしてきた計算の結果と矛盾しない。しかしながら、自分が「+」で何を意味してきたかを私は、自分がしてきた計算の結果を見てはじめて知るのではない。他人が「+」や「グリーン」で何を意味してきたかを私が知るのは、そうした記号や語をそのひとがどのように使ってきたかを知ることを通じてである。しかし、私の場合は、そうではないだろう。つまり、私が「+」でプラスを意味してきたという事実は、私の過去の行動に関する事実のなかに見出せないとしても、私のこれまでの心的生活の事実のなかには見出されるはずだろう。

これまで私は「+」でプラスではなくてクワスを意味してきたのであり、それゆえ「68+57」に対して私が与えるべき答えは「5」であるという主張に対して、だれもがまず言いたくなるのは、つぎのようなことであろう。——「すべての足し算は、一桁の数どうしの足し算と繰り上がりの規則の応用であるから、68と57を足すと125という答えになるのは必然であり、その答えが5になることはありえない。私が『+』でクワスではなくプラスを意味してきたことを示すのは、私がこうした足し算の規則を覚えていて、それに従ってきたという事実である。」

これはある意味でもっともな反応である。「68+57」の答えをきかれて反射的に「125」と答えるようなひとはまれだろう。ふつうのひとは、頭のなかだけでにせよ、計算をして答えを出すだろう。その計算は、ある規則に従っていて、その規則を覚えるのが足し算を覚えるということだったはずである。「68+57」、つまり、

$$\begin{array}{r} 68 \\ +\ 57 \\ \hline 125 \end{array}$$

の場合の手順はつぎのようなものだろう。

1. まず一の位どうしを足し合わせる。つまり、8＋7＝15である。

2. 足した数が10を越えたから、1を上の位に繰り上げ、答えの一の位のところに「5」と書く。

3. 十の位どうしを足し合わせる。6＋5＝11。

4. 3.の結果11に、十の位に繰り上がってきていた1を足す。11＋1＝12。

5. 4.の結果12の十の位の数字「1」を答えの百の位に、一の位の数字「2」を答えの十の位に書く。

6. したがって、答えは「125」である。

この手順から見て取れるように、われわれが知っている足し算とは、複数の規則をきまった順序で適用することから成り立っている。複数の規則をきまった順序で適用するための手順のことを「アルゴリズム」と呼ぶ。私が「+」でクワスではなくプラスを意味してきたということは、私がこうしたアルゴリズムを覚えてそれを用いてきたということに存するのではないか。

　だが、私の相手の反応は冷ややかである。私が覚えて使ってきたアルゴリズムが、関数プラスの値を計算するためのもので、関数クワスを計算するためのものでないということを、どうやって示せるのか、というのである。実際、「+」について出されたクワス仮説と似た仮説を、アルゴリズムの構成要素となっている規則中の表現に関して出すことができる。どんなに大きな数であってもそれが十進法で表現されている限り、足し算としては同じ位に現れている一桁の数どうしの足し算ですむというのが、われわれが習った足し算のアルゴリズムの利点である。したがって、同じ位の数どうしの足し算は、足し算のアルゴリズムの基本的な構成要素である。

$x^{(\$)}$を、数$x$を十進法で表記したとき\$の位に表れる数字が指す数とする。たとえば、$125^{(一)}=5$, $125^{(十)}=2$, $125^{(百)}=1$である。xとyの同じ位の数どうしを足すということは、

$x^{(\$)}$ 足す $y^{(\$)}$

の値を計算するということである。たとえば、いまも見たように「68＋57」の答えを出すためにわれわれは、一の位の数どうし、十の位の数どうしを足すという計算を行うが、この二つの計算はつぎのように表すことができる。

$68^{(-)}$ 足す $57^{(-)} = 8 + 7 = 15$

$68^{(+)}$ 足す $57^{(+)} = 6 + 5 = 11$

私の相手がなすべきことは、私がこれまで「同じ位の数どうしの足し算」で意味してきたことは、つぎのように定義される「同じ位の数どうしの足アシ算」でありうると言うことである。

1　x と y のどちらも57よりも小さいとき、

$x^{(-)}$ 足アス $y^{(-)} = x^{(-)} + y^{(-)}$

$x^{(\text{十})}$ 足アス $y^{(\text{十})} = x^{(\text{十})} + y^{(\text{十})}$

2　x と y の少なくとも一方が57以上のとき、

$x^{(\text{一})}$ 足アス $y^{(\text{一})} = 5$

$x^{(\$)}$ 足アス $y^{(\$)} = 0$

ただし、ここで「$」は、一以外の位——十、百、千、……——を指す。

どれだけ足し算をしたことがあっても、まだしたことのない足し算が必ずあるように、同じ位の数どうしの足し算についても、位はいくらでも大きくなれるのだから、まだしたことのないものが必ずあるはずである。これに対して、ひとつの位に現れることのできる数字は「0」から「9」のうちのどれかでしかありえないのだから、同じ位の数どうしの足し算はぜんぶ数え上げることができると論じても無駄である。たしかに、どんなに大きな数を考えても、各々の位に現れる数字は「0」から「9」のうちのどれかである。しかし、これまで経験したことのない大きな位に現れている数字を相手にしたときに、それを足し合わせた結果としてどのような数を挙げるのが正しいのかは何によって決まるのか。「これまでしてきたのと同じ足し算をすればよい」と言っても、問題は解決されない。問題は「これまでしてきた足し算」とは何かということである。私の相手は、私が「これまでしてきた足し算」とは足アシ算のことだから、「68＋57」の正しい答えは「5」であると相変わらず主張しつづけるだろう。そして、その主張を斥ける根拠を私は依然としてもっていないのである。

合わせて数えてみるという方法も役に立たない

ありそうな反論のもうひとつは、つぎのようなものである。――「$n+m=k$ということが正しいかどうかは、n個のものとm個のものとを合わせて全体を数えてみて、その結果がkとなるかどうかによって確かめられる。したがって、『68＋57』の場合も、68個のリンゴと57個のミカンを合わせて数えて125という答えが出ることから、『125』が正しい答えだということがわかる。」

合わせて数えるというのも、原始的ではあるが、足し算のアルゴリズムのひとつである。この場合はそもそも一桁の数どうしの足し算の規則を覚える必要もない。必要なのは数えるという操作だけである。しかし、「合わせて数える」という規則を使って、私はこれまで足し算の答えを出してきたのだから、この規則をいまの場合に適用すれば答えは「125」になると私が言っても、私の相手がどう反論するかはあまりにも明らかだろう。「合わせて数える」という規則を私がこれまで用いてきたとしても、肝心なのは、この表現で私がこれまで何を意味していたかである。「数える」という言葉でこれまで私が意味してきたのが、数ワエルではないと言えるだろうか。ここで、ものの集まりを数ワエルとは、その集まりが、どちらも56個以下のものから成る二つの集まりを合わせて生じたときには、ふつうに数えることであるが、少なくとも一方が57個以上のものから成る二つの集まりを合わせてできた集まりの場合にはいつでも「5」と答えることである。

「心のなかに刻み付けられた」規則と紙の上に書かれた規則のあいだに本質的なちがいがあるわけではない

言葉が何を意味するのかは規則や手順の形で私の心に刻み付けられていると、われわれは言いたくなる。いま取り上げた反論とその前のものはどちらも、この点から出発している。だが、以上の考察が示したことは、そうした規則や手順が私の心に刻み付けられていたとしても、新しい事例に対してその規則や手順を適用するときに、依然としてまったく同じ問題が提起できるということである。この点において、「心のなかに刻み付けられた」規則と、紙や石のうえに刻み付けられた規則とのあいだには、何のちがいもない。「+」の意味を、同じ位の数どうしの足し算を構成要素とする規則で説明しようが、合わせて数えるという手順で説明しようが、私が身につけた規則や手順が、足し算でなく足アシ算、数えるでなく数ワエルに関するものではないとするどんな理由があるかと問われるだけのことである。

「グリーン」を例に取っても同様のことが言える。私のこれまでの言葉遣いに従えば、このエメラルドの色は「ブルー」と呼ばれるべきであって、「グリーン」と呼ばれるべきではないと言う相手に対して、つぎのように反論したとする。――「グリーン」という言葉をこれまで私は何の根拠もなしに使ってきたわけではない。「グリーン」によって指される色がどのような色なのかは、私の心のなかに焼き付けられている。それと比較してどれだけ近いかで、「グリーン」と呼ぶべきかどうかを私は決めているのだ。

これに対して、私の相手はつぎのように言うだろう。――いまきみが言ったことは、きみがこれまで「グリーン」でグルーを、「ブルー」でブリーンを意味してきたという「グリーン」のイメージだが、それと比較してものを「グリーン」と呼ぶべきかどうか決めているのだとしたら、きみがそれと同じ色の色見本をいつも持ち歩いていると考えても同じことだろう。

これに私が同意したとしよう。私はつぎのように言う。――いいよ。きみがなぜそうしたいのかよくわからないが、そう考えよう。ここに二つの色見本がある。こちらは、私の心に焼き付けられているグリーンと同じ色をしている。そのとなりの方は、私が思い描くブルーと同じ色をしている。ほら、このエメラルドが、グリーンの色見本と同じ色をしていて、ブルーの色見本とちがう色をしているということは、はっきりしているじゃないか。

だが、私の相手はこう言う。――いまきみが言ったことは、きみがこれまで「グリーン」でグルーを「ブルー」でブリーンを意味してきたということに反対する理由にならない。きみが「グリーンの色見本」と呼ぶものは、グルーの色見本であり、きみが「ブルーの色見本」と呼ぶものはブリーンの色見本だ。きみの言う「グリーンの色見本」はこれまで、つまり、二〇一六年四月一日より前に観察されていてグリーンだったからグルー、つまり、きみの言う「グリーン」だ。だから、これを「グリーンの色見本」と呼ぶのはたしかに正しい。だが、このエメラルドはグリーンであるけれども、それをきみが見るのは初めてなのだから、これまで観察されたことのない対象だ。だから、このエメラルドは、グルー、つまり、きみの言う「グリーン」ではない。他方で、このエメラルドが、これまで観察されたことがなくてグリーンだというまさにその同じ理由から、それはブリーンだ。「グリーンの色見本」とこのエメラルドは、前者がグルーなのに、後者がブリーンなのだから、同じ色ではない。

相手の最後の主張は法外と見える。「グリーンの色見本とこのエメラルドとが同じ色であることは、一目見さえすれば明らかだ」と言いたくなる。だが、相手は、「同じ色」ということで私がこれまで何を意味してきたのかと問い返してくるだろう。「色」ということで私がこれまで意味してきたのは、イ色のことだと相手は言う。――色にはグリーンやブルーやレッドがあるのと同様に、イ色にはグルーやブリーンやグレッドがある。そして、二つのものが同じイ色をしているかどうかを判定するために私がこれまで取ってきた手続きは、つぎのようなものである。

(a)　二〇一六年四月一日より前であれば、二つのものが同じ色をしているかをみる。同じ色をしているならば、それらは同じイ色をしてもいる。

(b) 二〇一六年四月一日以降であれば、二つのものが、二〇一六年四月一日より前に観察されたことがあるかどうか、および、それらはどんな色をしているかという二点を考慮したうえで、同じイ色をしているかどうかを決定する。

私がこれまで、つまり、二〇一六年四月一日まで、「色」という言葉でイ色のことを意味していたのであり、二つのものが「同じ色をしている」かどうかを判定するのに、いま記述したような手続きに従ってきたと考えて何の不都合もない。

ここで私は、先ほど相手に譲歩して認めた点を撤回したくなるかもしれない。つまり、私の心のなかのイメージとの比較は、色見本との比較と同じことではないと言いたくなるかもしれない。だが、そのちがいとは何だろうか。私の心のなかのイメージは、色見本とちがって、私以外の人には見ることができない。だが、そのことがどうして、私の心のなかのイメージがグリーンかグルーかという点に関して何らかのちがいをもたらすのだろうか。私が心に抱いている「グリーン」のイメージが、グリーンではなくグルーであるという相手の主張に対して、私が返せる答えはありそうにない。

「＋」でクワスを意味してきたとしても、つじつまは合わせられる

今度は、つぎのような反論を考えよう。――「『＋』がプラスではなくクワスを意味するのだとしたら、『68＋57』だけでなく、『1＋57』、『2＋57』、『3＋57』、……などの答えもすべて『5』となる。これは奇妙である。」

この反論は、「＋」をクワスとして解釈するならば、「＋」に関連してわれわれが受け入れているほかのさまざまな事柄とつじつまがあわなくなるという趣旨の反論のひとつである。ほかにも、「＋」をクワスとして解釈するならば、加法の結合律

$$(x+y)+z=x+(y+z)$$

が成り立たなくなる――たとえば、$x=57$、$y=1$、$z=1$とおけば、左辺の値は6であるのに右辺の値は5になる――といった反論も、同じ種類の反論である。

いま問題にしている例では、「＋」がクワスを意味するのならば、

(12) すべての自然数x、y、zについて、$x \neq y$ならば$x+z \neq y+z$

あるいは、同じことであるが、この対偶である

⒀　すべての自然数x、y、zについて、$x+z=y+z$ならば$x=y$

が成り立たなくなるという反論だと解釈できよう。

たしかに、「＋」をクワスと解釈して、1＋57は2＋57と同じ数なのだから、1と2とは同じ数であるといった結果になったのでは、たいへん困ることになる。だが、⒀からこうした困った帰結が出るかどうかは、⒀に現れている「＝」という記号が何を意味するのか、また、「すべての」という言葉が何を意味するかによってちがってくる。

たとえば、私はこれまで「すべての自然数」ということでじつは、つぎのように特徴付けられる、ズベテの自然数ということを意味してきたと考えることができる。

(a)　もしもSが「＋」を含まない数式ならば、「ズベテの自然数についてS」は、すべての自然数についてSということを意味する。

(b)　もしもSが「＋」を含む数式ならば、「ズベテの自然数についてS」は、57よりも小さいすべての自然数についてSということを意味する。

「すべての自然数」で私がこれまでズベテの自然数ということを意味してきたと考えれば、⒀が正しいとみなしてきたことで私が受け入れてきたことは

⒁　57よりも小さな自然数のすべてについて、$x+z=y+z$ならば$x=y$

ということでしかない。これからわかるように、「＋」でクワスのことを意味してきたということと、私が⑿や⒀で表現される事柄を受け入れてきたということは問題なく両立する。

「＋」の公理をもちだしても同じことである

最後に取り上げるのは、こういう反論である。――「自然数どうしの足し算も含めて、数学は公理から成り立っている。そうした公理から、『68＋57』は125を指し、5

を指すのではないことが言える。」

　たとえば、ピタゴラスの定理がなぜ正しいのかという問いに対する答えは、その証明を示すことだろう。だが、その証明は、他のすでに証明された定理を前提にしているかもしれない。こうして、証明の前提をさかのぼっていくと、それ以上証明されない命題につきあたる。これが公理である。幾何学の公理は古代のギリシア以来なじみ深いものであるが、自然数や実数に関する公理は十九世紀になってはじめて発見された。各々の自然数は、0（ゼロ）と「′」で表される後続者（successor）という二つの概念によって定義され、自然数について成り立つことの全体は、「ペアノの公理」と呼ばれる五つの公理から証明される。

　いま考えている反論は、「68＋57」の正しい答えが「125」であることは、自然数のこうした定義とペアノの公理から証明されるというのである。よって、これはちょっと高級な反論だが、これまでの反論と同様に処理できるから、手短かに片付けよう。

　数学者ならば、「＋」ということで私が意味してきたのは、つぎのような再帰的定義を満足する関数のことであり、そうした関数が一通りしかないことは証明できる事柄だと言うかもしれない。

$$x+0=x \quad \cdots\cdots (1)$$

$$x+y'=(x+y)' \quad \cdots\cdots (2)$$

ここで、「x'」は、xのつぎの数を指す。この「定義」がどうはたらくかは、つぎの例から見ることができよう。

$$1+2=1+1'=(1+1)'=(1+0')'=((1+0)')'=(1')'=2'=3$$

最初の等号は数2の定義（$2=1'$）により、つぎの等号は＋の定義の(2)により、そのつぎの等号も同じく＋の定義の(2)により、そのつぎの等号も同じである。そのつぎの等号は＋の定義の(1)により、そのつぎはふたたび数2の定義、最後の等号は数3の定義（$3=2'$）による。

これまでの議論から明らかなように、問題は、上のような「定義」が提示されたとしても、それだけでは何の決め手にもならないことである。ここに現れる「=」や「'」といった記号で私が何を意味してきたかによって、そこで定義される関数は、プラスでもクワスでも他のどんな関数でもありうるからである。

言葉で何かを私が意味してきたというような事実はない

私以外のひとが「グリーン」でグリーンではなくグルーを意味しているかもしれないと考えることはできる。同様に、私以外のひとが「+」でプラスではなくクワスを意味しているかもしれないと考えることもできる。しかしながら、私がこれまで、「グリーン」でグルーを意味してきたり、「+」でクワスを意味してきたなどということは、ありえないことだと思われる。それなのに、『ウィトゲンシュタインのパラドックス』に登場する懐疑論者は、それがありえないということは、私にも、また他のだれにも示せないと言う。この懐疑論者によれば、私の過去についての事実のすべてを手にしていたとしても、私が「+」でクワスではなくプラスを意味していたことを立証することは不可能だからである。

もしも私がこれまで「+」でプラスを意味していたのならば、これまで出会ったことのない足し算「68+57」への正しい答えは「125」でなければならない。だが、「125」が正しい答えだということを示すような事実を私の過去に見出すことはできない。私がこれまで実際に行った計算のすべては、私が「+」でクワスを意味していたという仮説と矛盾しない。よって、あとできることは、私のこれまでの心的生活のなかに、私が「＋」でプラスを意味していたことを示す事実を探すことしかない。

私が過去に心のなかで、「68＋57」の答えは「125」だということを自分に言い聞かせたということは、「68＋57」が私がこれまで出会ったことのない足し算であるという現在の仮定によって排除される。私はある規則に従ってこれまで足し算をしてきたのであり、その同じ規則に従えば答えは「125」になると言っても、事態は好転しない。その規則に関してまったく同じ問題が提起されるからである。この規則を私はこれまで有限の回数しか用いていないはずである。そうした有限個の適用例のすべてと矛盾しない形で、この規則をクワス算のための規則と再解釈することができる。つまり、私の過去の行動は、私がこの規則をクワス算の規則として用いてきたという仮説と矛盾しない。では、私の心のなかにあったことのうちに、こうした再解釈を斥けるような何かを見つけることができるだろうか。ここでひとは、私の心のなかには、規則だけでなく、規則とその解釈の両方が刻み付けられていると答えたくなる。だが、そう考えることは、規則が適用されるごとに、その解釈もまた適用されると考えることである――「この解釈に従えば、規則はこうなり、そう解釈された規則に従えば、答えはこうなる」。いまや規則は、もとの規則とそれを解釈するための規則と二つある。

そして、まったく同じことが繰り返される。規則を解釈するためのこの規則を私はこれまで有限の回数しか用いていないはずである。そうした有限個の適用例のすべてと矛盾しない形で……

過去における私の振る舞い、過去において私が見たり聞いたりしたこと、過去において私が思ったり考えたりしたこと、その他、私の過去についての事実のすべてをもってしても、「＋」で私がこれまで、プラスを意味してきたのか、クワスを意味してきたのか、それとも、そのどちらともちがう別の何かを意味してきたのかを決定することはできない。ということは、これまで私が「＋」で何かを意味してきたというような事実は、そもそもないということである。このことは、「＋」に限ったことではない。どんな言葉についても、「＋」についてと同様な議論を繰り返すことができる。よって、どんな言葉についても、それによって私がこれまで何かを意味してきたという事実はないのである。

それどころか、そもそも言葉が意味をもつという事実からしてありえない

私の過去に関する事実のすべてを私がいま知っていたとしても、これまで私は

「+」でプラスを意味してきたかどうかは決定できないというのが、ここまでの結論であった。だが、この結論は、さらに極端な主張をそこから引き出すための補助定理にすぎない。

「いま私は『+』でプラスを意味している」という、現在についての言明を考えよう。この言明が言うことは、明日になれば「きのう私は『+』でプラスを意味していた」という過去についての言明によって表現される。これまでの議論によれば、明日の時点で過去となっているような私に関する事実のすべてをもってしても、「きのう私は『+』でプラスを意味していた」ということを示すことはできない。明日の時点で過去となっているような私に関する事実のなかには、現在および現在までの私に関する事実のすべてが含まれる。したがって、現在は「いま私は『+』でプラスを意味している」という言明によって表され、明日になれば「きのう私は『+』でプラスを意味していた」という言明で表される内容が正しいかどうかを決定するために、現在の方が明日よりも有利だということはいっさいない。よって、明日の時点でこの内容の正しさを決める手立てがないのならば、現在の時点でも同様である。また、自身に関する事実のすべてを私は手にしていると想定しているのだから、「+」で私がこれまで何を意味していたか、いま何を意味しているかを決定するのに、私以上に有利な立場にいるものはいない。したがって、「+」で私が何を意味してきたかは、だれによっても決定できない。つまり、いま私が「+」でプラスを意味しているのか、クワスを意味しているのか、それとも、そのどちらともちがう別の何かを意味しているかを決定するような事実はどこにもない。

だれが私であろうが、また、「+」や「グリーン」の代わりにどんな言葉を取ろうが、同じ議論を繰り返すことができる。結局のところ、だれであれ、また、どんな言葉であれ、だれかがある言葉で何かを意味していたとか、意味しているという主張を正しいものとするような事実は存在しないという結論が得られる。だれかがそれによって何かを意味するのでなければ、言葉が意味をもつということはありえないのだから、言葉が意味をもつという事実もまたありえない。事実の全体をくまなく探索したとしても、「+」がプラスを意味するとか、「グリーン」がグリーンを意味するといった事実を、そこに見つけることはできないのである。

『ウィトゲンシュタインのパラドックス』のなかでクリプキは、こうした結論を述べたあと、つぎのように書いている。

この事態について思いを凝らすとき、ときどき私は何か不気味な感じに襲われる。こう書いているいまでさえ、私の心のなかには、将来起りうる場合のすべてについて、そのとき私が何をなすべきかを指示するような何か――「プラス」記号に私が与えている意味――が存在することは確実のように感じられるのである。

（四〇―四一頁）

クリプキに限らず、多くのひとがこう思うだろう。だが、この文章の先にはこうある。

しかし、いま私の心のなかに何があるかに注意を集中したとき、どんな指示がそこに見つかるというのか。将来私が［足し算を］行うとき、私がそうした指示を基に［その足し算を］行ったと言うことは、どのようにして可能なのだろうか。将来の私が参照すべき無限の場合を尽くした表が、私の心のなかにあるわけではない。将来どうやって足せばよいかを教える一般的規則が私の心のなかにあると言うことは、これまた有限個の場合を示すことによってのみ与えられると思われる他の規則に、問題を転嫁するだけのことである。将来私が［足し算を］行うときに私が利用できるようないったい何が、私の心のなかにあるというのだろう。意味という観念そのものが雲散霧消してしまうように思われるのである。

その正しさをわれわれが強く確信しているような通念に反する結果を「パラドックス」と呼ぶならば、クリプキのこうした結論はまさにそう呼ばれるにふさわしいと思われよう。

（四一―四二頁）

第三章

懐疑的解決

実際のところ、どれだけ困ったことになっているのだろうか

ひとが言葉で何かを意味するという種類の事実は存在しないし、したがって、言葉が何かを意味するという事実も存在しないというのが、前章の結論であった。これは、言葉は何も意味しないと言うことと同じだろうか。

五分前世界創造説が提起する過去の存在そのものに対する懐疑論の場合を考えてみよう。この懐疑論からの帰結のひとつは、私がきのう存在していたという事実はないということである。では、私はきのう存在していなかったということが正しいのだろうか。そうではあるまい。私はきのう存在していなかったということが正しいならば、きのうという過去についての事実が存在するということになる。過去そのものが存在しないのならば、私がきのう存在していたという事実がないのと同様、私がきのう存在していなかったという事実もないのでなくてはならない。

「+」が意味をもたない記号であると言ったり、もっと一般的に、言葉は意味をもたないと言うこともまた、意味について語ることの一部である。したがって、言葉は何も意味しないと言ったのでは、意味にかかわる事実というものはおよそ存在しないという前節での結論を正しく伝えることにはならない。

過去についての懐疑論の結論を受け入れて過去の実在を否定したとしても、われわれがこれまで、過去があるかのように振る舞い語ってきたことは認めざるをえない。このとき取りうる道は二つに一つである。ひとつは、過去について語ることをいっさいやめることである。だが、これはあまり現実的なやり方ではない。過去について語るための語法をわれわれの言語から追放することは、ほとんど実現不可能と思われるほど困難なことだからである。もうひとつの道は、過去についての語法を含む言明を額面通りに受け取ることをやめることである。そうした言明は、存在しない過去について語っているようにみえるが、実際は、現在の事実について語るための道具なのだと考えることである。たとえば、現在存在している人々のあいだに広汎にみられるある相違を説明するために、われわれは年齢に言及する。しかし、過去が存在しないのならば、Aは一九五〇年に生まれ、Bは一九九三年に生まれたといった事実は存在しない。だが、「一九五〇年に生まれた」と言われる人と「一九九三年に生まれた」と言われる人とのあいだに顕著な差異が現在あることは事実である。「……は——年に生まれた」という言い方は、額面通りに受け取られるならば対応する事実をもたないと考えたとしても、人々のあいだに現在存在する違いを体系的に記述するために便利である。

意味についての懐疑論に関しても同様に二つの選択肢がある。ひとつは、言葉の意味について語ることをいっさいやめることであり、もうひとつは、「私は『+』でプラスのことを意味している」とか、「『雪は白い』という文は雪が白いということを意味する」といった言明は、言葉の意味についての何らかの事実を述べているようにみえるけれども、実際にはそうではなく、事実を述べることとは何か別のはたらきを担っているのだと考えることである。

意味について語ることをやめようという人もいる

過去について語るのをやめることほどではないかもしれないが、言葉の意味について語ることをいっさいやめるというのも、かなり過激な反応である。そんなことを提案する者などいないとだれだって考えるだろう。ところが、それが大違いだというのが、哲学の面白いところでもあれば、すばらしいところでもある。また、それを提案しているのが、二十世紀後半の哲学を代表する哲学者のひとりだというのも、さすがだと私は言いたい。

グッドマンと同世代のアメリカの哲学者クワインには、「翻訳の不確定性」の議論、および、「指示の不可測性」の議論という、二つの有名な議論がある。前章の議論とこれらの議論とは異なるものであるが、クリプキ自身も指摘しているように、両者のあいだには類似する点も数多くある。こうした事柄にここで立ち入ることはできないが、ここで大事なのはつぎの点である。すなわち、この二つの議論によってクワインは、言葉が何を意味するのか、あるいは、何を指すのかといった事柄は、「世界の一部」としての事実にかかわるものでなく、したがって、そうした事柄について語ることは、科学的に見て破産している理論にコミットすることにほかならないと論じたのである。意味という概念への反対は、文の意味としての命題という考え方、また、そうした命題への関係とみなされる信念的態度――「思う」、「望む」、「おそれる」といった動詞によって表現される関係――にまで及ぼされる。

ところで、こうした信念的態度を表す表現は、人間の行為の日常的説明には欠かせないものである。たとえば、花子がパーティに来たのはなぜかと聞かれて、「太郎に会うため」と答えるとき、われわれはこうした語法を用いている。こうした説明を冗長ではあるが、より完全なものにしようとすれば、太郎に会いたいという花子の欲求と、パーティに来れば太郎に会えるという花子の信念に言及することになる。つまり、花子の行為は、こうした欲求と信念の組によって説明されるのである。

意味への反対が信念的態度にまで及ぼされることの結果は、信念や意図に言及して人間の行為を説明する日常の語法もまた、科学の一部とはなりえない「二級」の語法にすぎないという主張である。もちろん、クワインも、現在の段階で、意味や信念や意図について語ることをわれわれの語法から一挙に追放することが可能だと考えているわけではない。だが、かれによれば、言語的行動を含む人間の行動一般の説明において、これらの概念に訴えることは非科学的なやり方であって、それに代わる概念を編み出すべき時はすでに来ているということになる。前章の議論は、クワインのこの結論を補強するもうひとつの材料になる。

懐疑的議論を受け入れても懐疑的解決という道がある

この章の最初に述べたように、意味についての懐疑論から得られる結論は、クリプキ自身が言うのとは違って、言葉は何も意味しないということではありえない。正しい結論は、言葉の意味についての事実といったものは存在しないから、言葉の意味について語ることは事実について語ることではありえないということでしかない。

このことをはっきりさせるために、つぎのような議論を考えてみよう。これは、

「『+』は何も意味しない——無意味である」という結論を、意味についての懐疑論から引き出そうとするものである。まずは

(1)「+」はプラスを意味する

という文から出発する。もしも

(2)(1)は真である

ならば、

(3)(1)を真とする事実が存在する

のでなくてはならない。意味についての懐疑論によれば、そうした事実は存在しない。したがって、

(4)　(1)は偽である

すなわち、

(5)　「+」はプラスを意味しない

が正しい。この議論は(1)の代わりに「『+』はクワスを意味する」から出発しても同じように繰り返すことができる。つまり、どんなものを「……」のところにもってこようが、「『+』は……を意味しない」が正しい。したがって、「+」は何も意味しない——無意味である——と結論される。

この議論で問題なのは、(2)から(3)への移行である。この移行は、(1)、つまり、「『+』はプラスを意味する」という文によってなされる言明が事実的言明であるという前提のもとでのみ正当化されるからである。

そして、この前提を拒否することは不可能ではない。二つの可能性がある。事実的言明以外の言明についても真偽を言うことができると考えるのがひとつである。それに対して、真偽が言えるのは事実的言明に限られると考えるのならば、(2)のように「真である」という言い方を用いるのではなく、「正しい」とか「正しく主張できる」といった言い方を選ぶことができる。いずれにせよ肝心なのは、意味についての懐疑論を認めたとしても、意味についての言明は事実的言明ではないと認める限り、言葉はいっさい意味をもたないという破壊的な結論は避けられるということである。

だが、それで一件落着というわけには行かない。「意味についての言明が事実的言明でないならば、それはどういう種類の言明か」という問いが控えているからである。意味についての懐疑論を認めながらも、意味について語ることを放棄するのでないならば、この問いに答えることができるのでなくてはならない。こうした方向での懐疑論への対処のことを、クリプキは「懐疑的解決」と呼ぶ。

「懐疑的解決」という名称はもともとヒュームに由来する

ヒュームの『人間知性の探究』(一七四八)には「知性の作用についての懐疑的疑い」および「これらの疑いの懐疑的解決」と題された章がある。ここで懐疑的疑いの対象になっているのは、「これまでそうだったから、今度もそうだろう」といった帰納的推論の正当性である。ヒュームがここで扱っているのは、第一章で紹介した「グルー」のパラドックスよりもずっと基本的な問題である。なぜならば、そこでも述べたように、「グルー」の問題は、われわれが正しいと認めている帰納的推論の正確な特徴づけを求めているだけであるのに対して、ヒュームは、どのような帰納的推論であれ、そもそもそれを正しいとみなす根拠があるかどうかを問題にしているからである。ヒュームの議論が哲学史上もっとも有名な議論のひとつであることに不思議はない。

ヒュームによれば、帰納的推論はすべて、原因と結果の関係——因果関係——に基づいている。同一の原因には同一の結果が伴うという規則性があってはじめて、帰納的推論は信頼できるものとなるからである。しかしながら、同一の原因には同一の結果が伴うということを、われわれは無条件に信じていいものだろうか。懐疑的疑いはこの点に向けられる。

たとえば、いま私はグラスを手にしているが、このグラスを壁に向かって投げつければ何が起こるかを私は知っていると思っている。だが、そのときに起こることが、破片が一面に飛び散ることではなく、グラスが小鳥に変わることであると想像してみたらどうだろう。そうした想像は、少なくとも論理的には可能なことの想像だと思われる。ほかのどんな例を考えてもよい。これまで原因と結果という関係にあるとみなされてきた出来事のペアのどれを取っても、一方が生じるにもかかわらず他方が生じないと考えて何の矛盾もない。つまり、原因である出来事と、結果である出来事とのあいだには、一方が生じればもう一方も必ず生じるという、必然的な結び付きは存在しない。世界のなかにあるのは、個々の出来事にすぎず、異なる出来事どうしを結び付ける因果関係といったものを、そこに見出すことはできない。ある出来事が別の出来事の原因であるといった種類の事実は存在しないのである。

いま述べた議論と、第二章での議論との並行性は明白だろう。まず第一に、ここから、どんな出来事も原因なく生じるのだとか、どんな出来事も何の結果ももたらさないのだという結論を引き出せると考えるのは、言葉は何の意味ももたないという結論を第二章の議論から引き出せると考えるのと同様に間違っている。この議論から引き出される結論は、原因や結果について語ることは、事実について語ることではありえないということだけだからである。そして、この結論を受け入れたとき二つの選択肢があることも、意味についての懐疑論の場合と同様である。

ひとつは、原因や結果について語ることをいっさいやめることである。だが、その場合には、「原因」とか「結果」といった言葉を使わないということだけではすまなくなる。われわれの言語は、「こわす」や「勉強させる」といった表現に典型的にみられるように、因果的含みをもつ語や語法に満ちているからである。したがって、ここでもこの選択肢にとって必要なのは、まったく新しい言語であるということになる。

もうひとつが、ヒューム自身の取る道、すなわち、かれの言う「懐疑的解決」である。意味についての懐疑論に対しても、ヒュームにならって「懐疑的解決」を採用することができるとクリプキは言う。

われわれの経験を世界に投影したものが因果性である

ただし、『ウィトゲンシュタインのパラドックス』でのクリプキの解説が与える印象とは異なり、ヒュームが「懐疑的解決」ということで何を意味していたのかは、あまりはっきりしない。現代の哲学の脈絡のなかで「懐疑論」と言うと、もっぱらデカルト以来の、理論的に論破できるかどうかが問題となる議論を指すが、古代のギリシアには「懐疑学派」と呼ばれる哲学者たちがいて、かれらにとって懐疑論とは独断を避けて生きるための方法であった。ヒュームの言う「懐疑的」は、こうした古代の懐疑学派の精神に近いものがあると私は思うが、クリプキはその点には触れていない。

しかし、はっきりしているのは、ヒュームの「解決」が、懐疑論の結論を受け入れたとしても、原因や結果について語ることは正当だとするものでなくてはならないということである。だが、この期待に反して、「懐疑的解決」の章で実際にヒュームが述べていることは、一見したところ、原因や結果についてわれわれが語るようになるのはなぜかという発生的説明にすぎず、何らそうした語り方を正当化するものであるようにはみえない。

ヒュームの述べているところは、おおよそこんな具合に要約できる。――物心ついてからひとは、何らかのタイプの出来事――たとえば、グラスが床に落ちる――に続いて、別のタイプの出来事――グラスがこなごなに砕け散る――が生じることを繰り返し経験するにつれて、前者のタイプの出来事が生じるときにはいつも後者のタイプの出来事も生じると期待するようになる。原因と結果という概念はこのようにして形成される。このことは、「習慣（custom）」という、人間の本性に深く根ざす原理に基づいている。われわれが因果関係を信じ、帰納的推論を信頼することもまた、習慣のなせるわざである。

「懐疑的」という形容が付くにせよ、こうした説明がなぜ、懐疑的疑いの「解決」になるのだろうか。その鍵は、ヒュームのこうした説明を、概念の発生についての心理学としてではなく、概念の論理的本性についての理論として解釈することだと思われる。原因や結果という概念は、経験において出会う規則性をもとに形成されたわれわれの態度を世界の側に投影するはたらきをもつ概念であると考えるのである。

グラスが床に落ちるという出来事を見るとしよう。ふつうは考えられないことだが、こうした出来事を見たことがほとんどないような人がいたとしたならば、それに続いて何が起こるかを予想することは、その人には不可能だろう。しかし、そうした人も、グラスの落下という出来事の後には、グラスの破砕という出来事が生じるということを何度も繰り返し経験するようになるだろう。また、グラスだけでなく、皿や茶碗についても同じようなことを経験するだろう。そうするうちに、そのようなことを経験した人の心のなかで、グラスの落下という出来事とグラスの破砕という出来事とは結び付けられるようになり、前者のタイプの出来事が起こると、後者のタイプの出来事も起こると期待するようになる。そして、この期待に対応する、出来事のあいだの関係が、世界の側に存在すると考えるようになる。つまり、われわれの期待が世界に投影されるわけである。こうした投影によってその存在が想定される出来事間の関係が、因果関係である。

ヒュームによれば、ある出来事が別の出来事の原因であるとわれわれが言うとき、出来事自体は世界の構成要素であるが、それらの間にわれわれが帰する関係――因果関係——は、本来、世界に属するものではない。それは、われわれ人間がその本性に従って必然的に世界に「読み込んだ」ものでしかない。このように、世界の事物にわれわれが帰する性質のあるものは、実際はわれわれの態度の「投影」であるとする立場のことを「投影主義（projectivism）」と呼ぶ。ヒュームの懐疑的解決は、因果性についての投影主義の主張であると解釈することができる。

因果言明は事実言明ではない

では、投影主義の立場から、原因と結果の概念はどのように分析されるだろうか。「出来事aは出来事bの原因である」あるいは、同じことだが「出来事bは出来事aの結果である」といった言明は、何を意味しているとみなされるべきなのだろうか。

こうした個別的な因果言明であっても、問題となっているのは、そこで明示的に言及されている特定の出来事——aとb——だけではない。ある特定の出来事が別の特定の出来事の原因となっているかどうかは、その出来事だけを見ていたのではわからず、それぞれがどのようなタイプに属する出来事であり、そうしたタイプとしての出来事のあいだに継起関係がこれまで観察されたかどうかを考えてはじめて、二つの出来事のあいだに因果関係を想定してよいかどうかがわかるからである。では、「出来事aは出来事bの原因である」と言うことは、「aはタイプAの出来事であり、bはタイプBの出来事であり、Aタイプの出来事の後にはBタイプの出来事が生じることがこれまで常に観察されている」と言うのと同じだろうか。そうではあるまい。なぜならば、Aタイプの出来事がBタイプの出来事の原因だと言うことのなかには、これまで観察された場合だけでなく、これから観察される場合についても、Aタイプの出来事の後にはBタイプの出来事が生じるということも含まれているからである。では、「これまで常に観察されている」を「これまで常に観察されてきたし、これからも観察されるだろう」に変えればよいだろうか。だが、そうしたとしても、それは別の理由から不十分なままである。

ある出来事が別の出来事の原因であると言うとき、われわれは自分たちの経験について何かを言っているのではないと考えている。だが、何がこれまで観察され、何がこれから観察されるかということは、われわれの経験にかかわることである。それに対して、因果性とはわれわれの経験のもつ特徴ではなく、世界のもつ特徴であるというのが、因果性についてのわれわれの基本了解である。たしかにこの了解は、ヒュームによれば誤りである。しかしながら、それゆえ、因果言明は世界についての言明ではなく、われわれの経験の規則性についての言明であると結論することはできない。それではそもそも、因果性の本性についてわれわれが誤っていたということも言えなくなる。したがって、われわれの経験における規則性が因果言明の主題であるとするような因果言明の分析は、誤った分析である。だが、もちろん、因果言明を額面通りに受け取り、それは因果的事実について述べる言明であるとすることはできない。因果的事実が存在しない以上、因果言明はすべて誤りであるということになるからである。こうした壊滅的事態を避けるのが、懐疑的解決の目的だったはずである。

ここでわれわれは「投影」の観念に訴えることができる。因果性とは、われわれの態度の世界への投影であった。よって、つぎのことが帰結する。一方で、因果言明は、われわれの態度の直接的表明ではなく、その世界への投影について語るものであるから、世界について語る事実言明と同様の形式を備えている。だが他方で、その主題は、われわれの態度の投影であるから、因果言明はその形式にもかかわらず事実言明ではない。因果言明の意味を説明しようとしてわれわれが陥ったジレンマは、因果言明を事実言明とみなして、それに対応する事実を探そうとしたゆえに生じたものにほかならない。

では、因果言明の意味はどのようにして説明されるべきなのか。クリプキはそのために、「真理条件」対「正当化条件」という対比を持ち出す。ここに現れている概念は、二十世紀になってから、しかも、一九七〇年代以降ひんぱんに用いられるようになった概念である。したがって、それをヒュームに適用するのは時代錯誤もはなはだしいということになるが、過去の哲学者が意識的に犯された時代錯誤のゆえによみがえるということはしばしばあることである。

したがってその点はいいとしても、もっと困るのは、「真理条件」とか「正当化条件」といった概念に関しては、複雑でむずかしい議論がたくさんあることである。だから、ここでは、そのおおまかな観念だけでも伝われば十分だと考えることにしたい。

もしも因果言明が事実言明だと考えるならば、その言明を真あるいは偽とする事実とはどんな事実かという問いに答えることができなくてはならない。言明の真理条件とは、それが真であるために成り立たなくてはならない事実のことである。他方、因果言明が事実言明ではないと考えるならば、それがどんな事実に対応するのかという問いを立てることはできない。だが、その場合でも、そうした言明を行ってよいのはどのようなときかという問いには、十分意味がある。この問いに答えるのが、言明の正当化条件である。ヒューム的観点からは、「出来事aは出来事bの原因である」は事実言明ではない。したがって、それは真理条件をもたない。だが、この言明を行ってよいのはどのようなときかという正当化条件を問題にすることはできる。そして、それは、aが属するタイプの出来事が生じる場合には常にbが属するタイプの出来事も生じることが観察されているような状況のことにほかならない。個別的な因果言明「出来事aは出来事bの原因である」は、「タイプAの出来事の後には常にタイプBの出来事が観察される」といった、われわれの経験における規則性を述べる言明と同じではない。だが、両者は、後者が前者の正当化条件を与えるという仕方で密接に結び付いているのである。

意味についての言明も事実言明ではない

さて、こうした議論すべてのそもそもの出発点であった

(6) 私は「+」でプラスのことを意味してきた

あるいは、その「現在形」

(7) 私は「+」でプラスのことを意味している

といった言明にもどろう。これらの言明は、私についてのある事実を述べている言明であるようにみえる。しかしながら、これらの言明に対応するような事実は、私の行動に関してであろうが、私の心的生活に関してであろうが、いっさい見出せないというのが、第二章での議論の結論であった。

懐疑的解決とはどのようなものであるかが説明されたあとでは、こうした懐疑的結論に対してどのような解決が提案されるかは容易に予想がつくだろう。つまり、それは、(6)や(7)といった言明は、事実言明の形をしているが、実際にはそうではないと主張することであり、それに加えて、こうした言明の正当化条件を与えることによって、意味について語るわれわれの日常の語り方を擁護することである。

『ウィトゲンシュタインのパラドックス』でクリプキは、(6)や(7)のような言明の正当化条件を考えるにあたって、二つの段階を区別する。

第一の段階は、単独の個人をそれだけで考えることである。それは大体において、第二章の観点でもある。そこでの議論はもっぱら、他人を考慮する必要のない孤立した「私」の観点からなされた。だが、その議論はいまおいて、実際のところどうであるかを考えてみるならば、「68＋57は？」とたずねられて、「125」という答えを出すことに私がためらうことはまずない。もちろん、第二章でも述べたように、この答えを出すのに私は、一桁どうしの数の足し算や繰り上がりの規則を使うだろうが、そうした規則をどう使うべきかためらったりはしない。とりわけ、一桁どうしの数に対して私が行うべきなのが、なぜ「足し算」であって「足アシ算」でないのかといった問いが、私の脳裏を掠めるなどということは決してない。クリプキの印象的な言い方を用いれば、私は「ためらわず、しかし、盲目的に」答えを出すのである。この段階では、「＋」を私がこのように用いることを正当化するものは、「そうするのが正しいと私に思われる」ということ以外にはない。

だが、この結論は、「意味する」ということについてわれわれが日常的に了解しているところと大きく食い違う。その了解に従うならば、もしも「＋」で私がプラスのことを意味しているのならば、「68＋57は？」とたずねられたとき、私は「125」という答えを返さなければならず、そのことは、その答えが私に正しく思えるかどうかとは無関係である。「125」ではなく「5」が正しい答えであるとそのとき私に思えたとしても、そのことによって「5」が正しい答えになるわけではない。

意味についての日常的了解に行き着くには、孤立した個人ではなく、相互に交渉しあう複数の個人を考察しなくてはならない。これが、第二の段階である。ごく単純に、私のほかにもうひとり――花子としよう――いる場合を考えよう。私ひとりだけを考える限り、私が「+」で何を意味しているか、その意味に従ったとき「+」を含む言語表現の各々にどのような反応をすべきかを決めるのは、私にそう思われるということでしかない。そして、このことは、花子ひとりだけを考えた場合でも同じである。しかしながら、私と花子とはおたがいに、「+」を含む言語表現に相手がどのような反応を示すかを観察することができる。この反応はときに一致しないこともありうる。私のある反応に対して、花子が、それは自分には正しいとは思えない反応だと抗議するかもしれないし、その逆の場合もあるだろう。こうした食い違いは、二人がたがいの反応を観察し出してすぐに生じるかもしれない。あるいは、最初のうちは一致していても、あるときからひんぱんに食い違うようになるかもしれない。さらにまた、だいたいは一致していて、たまに食い違いが生じるだけかもしれない。こうした食い違いは、少なくともどちらか一方が自身の反応を撤回することでなくなるかもしれないし、いつまでたってもなくならないで残るかもしれない。

論理的にはこうした筋書きのどれもが可能である。だが、私と花子とが同じ社会のなかで育ったのであれば、「+」に関する両者の反応はおおむね一致し、ときに食い違いが生じても、それがしつこくなくならないで残るというようなことはない。これは、われわれの社会に関しての端的な事実である。私と花子だけでなく、もっとたくさんの、同じ社会に属する他のひとを考慮に入れたとしても、同様である。ひとりのひとにとって正しいと思われる反応はおおむね、他のひとにとっても正しいと思われる反応である。これもまた、ただ受け入れるしかない端的な事実、われわれはそのようにできているのだとしか言いようのない事実である。だが、言葉が意味をもつということはひとえに、論理的には偶然でしかないこの事実に基づいているのである。

他人が私の言葉に意味を与える

私だけを孤立させて考えたときには「正しいこと＝正しいと思われること」であったのに対して、私が属する社会との関係において私を考えるとき、「正しいと私に思われること＝正しい」ということにはならない。社会という観点を持ち込んだおかげで、社会の構成員のひとりひとりにとってそれぞれ正しいと思われることと、その大部分にとって正しいと思われることとを区別できるようになるからである。私に正しいと思われることが、社会の構成員の大部分にとって正しいとは思われないとき、正しいことと正しいと私に思われることとは明らかに一致しない。そしてこの場合、正しさは私以外のところにある。

よって、私が「＋」でプラスのことを意味しているという言明の正当化は、私個人についての事実によってではなく、「＋」を含む言語表現への私の反応を、私が属する社会が正しいものとして受け入れるかどうかに依存する。「68＋57は？」という問いに対して「125」と私が答えるならば私の答えは受け入れられるが、「5」と答えるならば私の答えは受け入れられない。もしも私の答えがあまりにもひんぱんに社会からの拒絶に会うようなときには、私は、でたらめを言っているのでなければ、「＋」でプラスのことを意味していないと判定されるだろう。そして、こうした判定に抗弁して、自分の言葉で自分が何を意味しているかをいちばんよく知っているのは自分だと言い立てることはできない。私が何を意味しているかを決めるのは私ではないからである。意味についての懐疑論に対する懐疑的解決の要点は、私以外の人が私の言葉を受け入れてくれることによって、私の言葉は意味をもつということだからである。

だが、はたして懐疑的解決を受け入れるべきだろうか

『ウィトゲンシュタインのパラドックス』の前半でクリプキが展開した懐疑的議論は、言葉というもの、さらには、およそ概念というものがありえないということを示してしまったようにみえる。これほど法外な結論に導くような議論を受け入れることなど不可能であると思われて当然である。だが、もしも懐疑的解決を信じることができれば、こうした議論の存在は何ら脅威ではなくなる。問題は、懐疑的解決を信じることができるかである。

懐疑的解決を採用することは、言葉の意味についての言明が、世界にもともと備わっている事実について語る事実言明ではなく、世界の側に投影されたわれわれの態度について語る言明だと考えることである。懐疑的解決にある程度の説得力があるとわれわれが認める理由のひとつは、言明のなかには事実的なものと事実的でないものがあるとする考えが比較的自然と思えるからである。たとえば、ある年のある月の交通事故の死者が何人であるかを述べている言明と、あるマンガがどのような点ですぐれたマンガであるかを述べている言明とのうち、どちらが事実的な言明で、どちらが非事実的な言明かと問うときに返ってくる反応には、それほど極端なばらつきは見られないはずである。

ところが、意味についての懐疑論に対して懐疑的解決で答えることは、事実的言明と非事実的言明というこの対比そのものを無効にしてしまうという議論がある。それは、つぎのようなものである。

一般に、ある言明が真か偽かということは、二つの要素によって決まる。ひとつは、その言明に用いられた文がどのような意味をもつかであり、もうひとつは、その言明がかかわっている世界の側の事態がどうなっているかである。たとえば、

(8) 東京でのきのうの交通事故の死者は十人を超えた

という言明が真か偽かは、この言明に用いられた(8)という文が何を意味するかと、実際にきのう東京であったことの両方に依存する。だが、文が何を意味するかが事実的な事柄ではないならば、そのことによって部分的に決定される事柄、すなわち、その文を用いてなされた言明が真かどうかもまた、事実的な事柄ではないということになろう。要するに、意味の非事実性は、言明一般の真偽の非事実性を結果するように思われるのである。ここから二つの帰結が出て来る。第一に、言明の真偽がおよそ非事実的なのならば、事実的言明というものは存在せず、言明はすべて非事実的であるということになる。よって、第二に、意味についての言明はすべて事実的ではないとい

う懐疑的解決の主張自体が、非事実的なものとなる。

たしかに、事実的言明というものがいっさい存在しないのならば、事実的／非事実的という言明間の区別をもうけることはむだだということになる。しかし、懐疑的解決の支持者は必ずしもこうした結果に当惑する必要はない。ある範囲のものを二種類に分類しようとしたところ、一方の種類にすべてが属し、他方には何も属さないという結果になったとしても、そのことによって分類そのものが了解できないものとなるわけではないからである。だから、意味についての懐疑論とそれへの懐疑的解決は、意味に関する言明だけでなく、言明一般が非事実的なものであることを示したと主張しても、何か矛盾したことを言ったことにはならない。

でも、「そうした主張自体が事実的でないとしたら」という批判については、どうだろうか。ここで自然に連想されるのは、真理の相対主義に対してしばしば持ち出される批判である。どのような主張についてもそれが真であったり偽であったりするのは何らかの立場と相対的でしかないと主張するのが、真理の相対主義である。一見して明らかなように、真理の相対主義を主張するひとは、その主張自体が何らかの立場と相対的にのみ真であることを認めざるをえない。このことをもって真理の相対主義は保持しえないという批判は、古代ギリシアにまでさかのぼる。だが、相対主義を絶対的にではなく、相対的に主張する限り、それは、論理的には何ら非のうちどころがない主張である。同様に、すべての主張は事実的なものではないと主張し、その主張自体もまた事実的ではないと付け加えたとしても、そこに何か論理的な問題があるようには思えない。注意深く述べられている限り相対主義を明白な矛盾に追い込むことが容易なことではないのと同様、懐疑的解決を明白な矛盾に追い込むことは容易ではない。

ただし、相対主義を相対的に主張するということがどういうことであるのかは、完全に明瞭だというわけではない。そして、懐疑的解決の批判者が言うような議論が成り立つのならば、同様の不明瞭さが懐疑的解決にもつきまとうことになる。よって、懐疑的解決に対する決定的反論があるわけではないとしても、結局のところ、私たちは懐疑的解決で満足すべきではない。

言葉の意味への問いは自分の心への問いに変貌する

懐疑的解決で満足できない理由はほかにもある。さきに、クワインのような哲学者は、意味への反対を信念や意図のような概念にまで拡張すると述べた。「+」でひとが何を意味するかは、そのひとがそれをどう使おうと意図するかの問題であると考えるならば、意味についての懐疑論は、自身の意図の知識についての懐疑論になる。千葉から東京に向かう電車のなかにいる私の前に、クリプキの本に出て来るような懐疑論者が突然出現したとする。こんな問答が考えられる。

相手　どこに行くつもりでこの電車に乗ったんだい。

私　東京まで行くつもりで乗ったんだ。いまでもそのつもりだよ。

相手　いや、ちがうね。いまどうするつもりかはともかく、この電車に乗ったときにきみは、千葉まで行くつもりだったんだ。

私　何をばかな。この電車は東京に向かっているんだ。千葉に行くつもりだったならば、反対方向の電車に乗るはずがないじゃないか。

相手　よく言うよ。これまできみは、しょっちゅう、行くつもりとは反対方向の電車に乗っているじゃないか。

私　でも、ほら、この切符は東京までの料金の切符だよ。

相手　何の証拠にもならないよ。切符を買うときに間違えたのかもしれないし、ともかく改札を通るために何でもいいから切符を買ったのかもしれない。

私　きょうの用事は東京で、千葉じゃないんだ。ほら、手帳にも書いてある。

相手　用事があるから行くとは限らない。また、用事がないから行かないということもないさ。

私　いま思い出したけれども、この電車に乗るときぼくは心のなかで「さあ、これから東京へ行くぞ」と言ったんだ。これ以上にたしかな証拠はないだろう。

相手　心のなかで言おうが、声に出して言おうが、「さあ、これから東京へ行くぞ」という言葉だけでは決め手にならない。そうした言葉がたまたま心のなかに浮かんだだけかもしれないじゃないか。それがきみの意図を表現していたと考えるべき証拠はどこにあるんだ。

私　……

このやり取りから見当がつくように、意味の懐疑論とまったく同じ論法が、自身の意図についての知識に対しても適用できる（ここでは、過去における意図だけが懐疑の対象になっているが、意味の懐疑論の場合とまったく同じ仕方で、懐疑は現在の意図にまで及ぼされうる）。いま私が意図しているのがAではなくてBであることを示すような証拠は、私の行動に関するものであれ、私の心的生活に関するものであれ、いっさい存在しない。こうした議論の行き着く先は、意図なるものは存在しないという結論だろう。

ここで、こうした懐疑論への懐疑的解決がどうなるかを考えようというのは、私にはばかげた提案だと思われる。間違っているのは明らかに懐疑論者の側である。自身の意図が何であるかを知るのに証拠は必要ない。この種の事柄は、証拠に基づいて知られるようなものではないからである。意味についての懐疑論を意図についての懐疑論にまで拡張することによって明らかになることは、それが、証拠など必要なく、それゆえ、証拠となりうるものが存在しないところで、証拠を要求する点で誤っているということである。つまり、懐疑的解決を受け入れるべきではない最大の理由は、意味の懐疑論に至る議論が誤った議論であるということにある。

だが、意味の懐疑論がどこで誤ったかがわかったとしても、それがなぜ誤りであるかが解明しつくされない限り、意味の懐疑論の問題はまだ解決されていない。ひとは通常、自分がどこに行こうとしているかを知っているのと同様、「＋」をどのような意味で使おうとしているかを知っているのだと言うことは、懐疑論者へのとりあえずの返答として通用するだろう。しかし、証拠がありえないにもかかわらずもつことのできる知識という観念には、何か謎めいたものがある。こうした印象の存在が示すことは、私たちにはまだ、自身の意図についての知識を、世界と世界についての知識全体のなかに正しく位置づけることができていないということだろう。言葉が意味をもちうるかという問いは、結局、ひとはどうして自分の心を知りうるのかという問いに姿を変えて生き残るのである。

第四章

ウィトゲンシュタイン

懐疑的議論と懐疑的解決はウィトゲンシュタインの議論と解決だとクリプキは言う

これまで故意に避けてきた話題がひとつある。それは、意味についての懐疑的議論(第二章)も、また、それへの懐疑的解決(第三章)も、クリプキがその本のなかで述べているものだが、かれはそれをウィトゲンシュタインのものだとしていることに関してである。何と言っても、クリプキの本は「規則と私的言語についてのウィトゲンシュタインの説」という意味の原題をもつのである。また、その序文でも、かれはつぎのように述べている。

強調されねばならないのは、ここで私は自分の意見を述べようとしているのではないし、また、ときたまの余談として以外には、ここでの論点について私がどう考えるかを言おうとするものでもないということである。この本の第一の目的は、ある問題とある議論とを提示することであって、それを批判的に検討することではない。すぐにそうとわかるいくつかの余談を除けば、私のここでの役割は、ある重要な哲学的議論をそれが私の目に映じた仕方で提示する弁護士のようなものだと考えてもらって結構である。この本の主要主題といったものがあるとすれば、それは、ウィトゲンシュタインの懐疑的問題と懐疑的議論は重要であり、真剣な考察に値するということである。

(『ウィトゲンシュタインのパラドックス』iv—v頁)

ウィトゲンシュタインについてはたぶん、あらためて紹介するまでもないだろう。その特異な生き方と、謎めいてはいるが大きな魅力に満ちたその著作スタイルのせいで、多くのひとの想像力をかきたててきた二十世紀の哲学者である。その著作が膨大な二次文献を生み出してきたことも当然である。クリプキの本も、ひとまずは、そうした二次文献のひとつに数え入れられる。だが、「二次」文献としては、かなり様子のちがうところもある。たとえば、本文に入ってまもなく読者は、こんな部分に出会う。

[ウィトゲンシュタインの]議論をここで私が述べたり再構成したりする仕方の多くにたぶん、ウィトゲンシュタイン本人は賛成しないだろう。それゆえ、この本は「ウィトゲンシュタインの」議論を解説するものでもなければ、「クリプキの」議論を解説するものでもない。むしろそれは、クリプキの目に映じた限りでのウ

ィトゲンシュタインの議論、つまり、その議論がクリプキに問題を提示した限りでのウィトゲンシュタインの議論を解説するものである。（同八―九頁）

ウィトゲンシュタインの「研究書」ならば、こんな但し書きに出会うことはまず考えられない。ウィトゲンシュタインが何を言おうとしたのかをできるだけ正確に理解したいというのが、こうした研究書が書かれたり、読まれたりする動機のはずだからである。

クリプキの目に映じたウィトゲンシュタインは何よりもまず、意味についての懐疑的議論を提出し、それに対して懐疑的解決を提案した哲学者である。ウィトゲンシュタインの代表作のひとつ『哲学探究』――正確には、その第一部――でわれわれが出会うのは、こうした哲学者であるとクリプキは言う。クリプキはこの主張を『哲学探究』の斬新な解釈に基づける。かれは、それ以前にはあまり注目されることのなかった『哲学探究』の部分を解釈の中心に据える。それは、一三八節から二四二節であり、主にクリプキ以後「規則に従うことをめぐる考察」という名称で知られるようになった部分である。ここで大事なのは、これが、クリプキ以前の『哲学探究』解釈の中心にあった、二四三節以降のいわゆる「私的言語論」の直前に来る部分だということである。

私的言語論は懐疑的解決の一部である

クリプキによれば、『哲学探究』の一三八節から二四二節においてウィトゲンシュタインは、意味についての懐疑的議論を展開すると同時に、それへの懐疑的解決も与えているということになる。この解釈の目玉は、懐疑的解決から、私的言語の不可能性がただちに出て来るという点にある。

私的言語という観念は、『哲学探究』の二四三節の後半で導入される（ウィトゲンシュタインの著作からの引用は特記した箇所以外、筆者による訳である）。

だが、こうした言語も想像できないだろうか。ひとは、その言語によって、自身の内的経験――感情、気分、などといったもの――を、自身の私的な使用のために、書き留めたり声に出して言ったりするのである。そうすることは、われわれの通常の言語でもできるのではないか。だが、私が考えているのは、そういうことではない。この言語に属する語は、その話し手だけが知ることのできるもの、つまり、その話し手の直接的で私的な感覚を指示すべきものなのである。よって、他人はこの言語を理解できない。

一般に、私的言語は、いま引用した部分の最後にならって「他人には理解できず、私だけが理解できる言語」のように特徴づけられる。ただし、他人にも理解することは原理的に可能だが、たまたま私だけが解読の鍵をもっているような言語は、私的言語ではない。私的言語とは、他人が理解することが論理的に不可能な言語のことだからである。

デカルト以来の近代の哲学は、私的言語というものが存在するということを、その暗黙の前提としてきたと論じることができる。一方には、言葉の意味は、それが指す対象であるという考え方があり、もう一方には、経験は根本的に私的なものであって、自分がどのような経験をもっているかは他人には知りえないことだという想定がある。両者あいまって、経験について語る言語は、他人には理解することが論理的に不可能な私的言語であるということが帰結する。たとえば、「痛み」という言葉の意味は、それが指す対象、すなわち、痛みの感覚であり、この感覚は私にしか知りえず他人には知りえないものであるから、「痛み」は、私だけが理解することができる言葉だということになる。さらに、われわれのどのような信念もわれわれがどのような経験をもつかに依存し、経験において与えられる内容を越えることはできないと考えるならば、私的言語こそがわれわれの言語であることになる。

したがって、私的言語が不可能であるという主張は、デカルト以来の哲学的伝統をゆるがすだけの重要性をもちうる。『哲学探究』を論じた初期の解釈者たちの多くが私的言語論を大きく取り上げたのも当然である。しかしながら、私的言語の不可能性を示すとされる『哲学探究』での議論の妥当性はおろか、それがそもそもどんな議論であるかに関してさえ、解釈者間での見解は一致していなかった。

それに対して、先にも述べたように、『哲学探究』の目的が、意味についての懐疑的議論とそれに対する懐疑的解決を提出することにあるとするクリプキの解釈を取るならば、私的言語の不可能性はすぐに見て取ることができる。懐疑的議論によれば、私が「痛み」という言葉で痛みのことを意味するといった私自身に関する事実はまったく存在しない。「痛み」という言葉で私は痛みのことを意味するといった、われわれの日常の語り方を廃棄しようというのでもない限り、ひとは懐疑的解決に訴えるしかない。それによれば、「痛み」という言葉で私が何かを意味できるためには、私は他の人々から是認されるような仕方で「痛み」という言葉を用いることができなくてはならない。「痛み」のような私的な感覚を表す言葉であってさえも、それに意味を付与するのは、私ではなく、共同体における一致なのである。ここに私的言語のようなものが存在しうる余地がないことは明らかである。

ほとんどのウィトゲンシュタイン研究者が、クリプキのウィトゲンシュタイン解釈は間違っていると言った

意味の懐疑論への懐疑的解決から、私的言語の不可能性が帰結するということは、それ自体としては正しいかもしれない。しかし、ウィトゲンシュタインがそのように論じたかどうかは別問題である。そのためには、テキスト上の証拠が必要だろう。クリプキは、それを『哲学探究』第一部前半の構成に求めることができるとしている。かれによれば、私的言語論は、かれ以前の解釈が当然と考えていた場所、つまり、二四三節以降ではなく、それよりもずっと前に見出すことができる。私的言語が不可能であるという私的言語論の結論はすでに二〇二節に述べられているとクリプキは言う(『ウィトゲンシュタインのパラドックス』四頁)。二〇二節を引用しておこう。

二〇二　よって、「規則に従うこと」はひとつの実践である。そして、規則に従っていると思うことは、規則に従うことではない。よって、ひとは「私的に」規則に従うことはできない。さもなければ、規則に従っていると思うことと、規則に従うことが同じになってしまうからである。

さらに、クリプキの分析に従えば、この結論は、その直前の二〇一節に述べられている「パラドックス」への反応として得られるものである。この「パラドックス」こそ、意味についての懐疑的議論そのものであり、それは「おそらく『哲学探究』の中心問題である」（『ウィトゲンシュタインのパラドックス』一一頁）。ここでクリプキは、二〇一節の冒頭の文章を引いている。

われわれのパラドックスはこうであった。すなわち、規則は行為の仕方を決定できない、なぜならば、どのような行為の仕方も規則と一致させることができるからである。

たしかに、二〇一節に先立つ部分でウィトゲンシュタインは、クリプキの足し算の例とはちがうが、それと同様な例を使って、私たちが本書の第二章で見たような議論をしている。ウィトゲンシュタインが挙げる例はひとつではなく、いくつかあるが、そのなかでも典型的なのは、「ゼロから始めて二ずつ足して行け」といった問題を教師から与えられて、一〇〇〇までは期待通りに進むのに、一〇〇〇を越えたとたんに、

一〇〇〇、一〇〇四、一〇〇八、一〇一二、……

と進む生徒の例である。この例が現れる一八五節に続くウィトゲンシュタインの議論は、本書の第二章の読者にはすでになじみ深いもののはずである。それに不思議はない。『哲学探究』のこの部分にクリプキは自身の議論の材料を求めているからである。

したがって、意味についての懐疑的議論をウィトゲンシュタインに帰すことには、それなりの根拠がある。しかし、クリプキが言うように、ウィトゲンシュタインは懐疑的議論の結論を受け入れ、その結果、懐疑的解決を提案しているのだろうか。

この問いを検討したウィトゲンシュタイン研究者のほとんどすべてが、それに否と答えた。常に指摘されるのは、二〇一節をクリプキが引いているにもかかわらず、それはその冒頭にすぎず、その後半はクリプキのような解釈を入れる余地がないという

点である。二〇一節の全体を掲げよう。

二〇一　われわれのパラドックスはこうであった。すなわち、規則は行為の仕方を決定できない、なぜならば、どのような行為の仕方も規則と一致させることができるからである。その答えはこうであった。すなわち、どんな行為の仕方も規則と一致させるようにできるのならば、それと矛盾させることもできる。それゆえ、ここには一致も矛盾も存在しないことになる。

ここにある誤解のあることは、こう考えるときわれわれは解釈に次ぐ解釈を行っている点にすでに示されている。それはまるで、その解釈の背後に別の解釈を思いつくまではどの解釈も、少なくとも一瞬はわれわれを安心させるかのようである。これが示すことは、解釈ではないような規則の把握があるということであり、それは、規則のその都度の適用においてわれわれが「規則に従っている」とか「規則に違反している」と呼ぶもののなかに自然に現れるということである。規則に従う行為はすべて解釈であると言いたくなる傾向があるのは、それゆえである。しかし、規則のある表現を他の表現で置き換えることだけを「解釈」と呼ぶべきなのである。

懐疑的議論を受け入れて懐疑的解決を提出する哲学者が、この二番目のパラグラフのような文章を書くだろうか。その最初の「ここにある誤解がある」から明らかであるように、ウィトゲンシュタインは「パラドックス」を決して受け入れていない。むしろ、それは、その根底にある「誤解」とともども拒否されるべきものなのである。つまり、ウィトゲンシュタインは決して懐疑的解決を提出してなどいない。

また、二〇二節の「『私的に』規則に従う」という表現は、規則に従うことと私的言語との関連を示唆しているようにみえるが、二四三節以降で問題となっている私的言語における「私的」とは、社会から切り離された単独の個人という観念よりはむしろ、他人には隠されていて私だけに知りうるという「私秘性」にかかわると考える方がより伝統的な解釈である。そして、この解釈を覆すに足るだけのテキスト上の証拠をクリプキが挙げているとは思えない。そうすると、私的言語の不可能性が、規則に従うことについての議論の系として得られるというクリプキの主張もかなり怪しくなってくる。

クリプキのウィトゲンシュタインはウィトゲンシュタインとは別人だが、重要な哲学者であることに変わりはない

だが、テキスト上の細かな穿鑿を待つまでもなく、クリプキのウィトゲンシュタインが、もともとのウィトゲンシュタインとは別の哲学者であることは明らかである。それは一言で言って、スタイルの問題である。どの分野にも通用することだが、スタイルとは単なる表現の仕方のことではない。それは、思考のあり方そのものである。ウィトゲンシュタインと、クリプキのウィトゲンシュタインのあいだの相違の大きさを測るには、過去の哲学に対する両者の関係を考えてみるのがよい。

クリプキのウィトゲンシュタインは、哲学的伝統のなかに問題なく納まる哲学者である。何よりもまず、かれは、逆説的な結論に導くにもかかわらず、容易には反駁できない議論を提出したという点で、運動の不可能性を示す議論を提出したゼノン、神の存在を論理的に証明する議論を提出したアンセルムス、帰納的推論は正当化されないとする議論を提出したヒュームといった偉大な哲学者たちの系譜につらなる。したがって、かれは、哲学とは論証をたたかわせることによってなされる本質的に知的な

活動であると考える点でも、西洋の哲学の正統に属する哲学者である。また、懐疑的議論を展開しただけでなく、それに対する知的な解決を求めたという点で、古代の懐疑学派ではなく、方法論的な近代の懐疑論の伝統のなかに、かれを数え入れることもできる。

いま挙げたような伝統のなかに現実のウィトゲンシュタインを置くことはできない。かれは、哲学が本質的に知的な活動であるとは考えていなかった。かれによれば、哲学は、知的な理解を目指すものではなく、態度の変更を要求するものとして、感情や意志にかかわる営みである。したがって、仮にかれが、クリプキのウィトゲンシュタインの提出するような懐疑的議論を取り上げたとしても、たぶんかれは、懐疑的解決であれその他の解決であれ、ともかく知的な仕方での「解決」を与えることが本質的だとは考えないだろう。むしろかれがしそうなことは、懐疑的議論そのものを組み立てている材料のひとつひとつを吟味して、そこからふたたび懐疑的議論を組み上げる気を起こさせないようにすることだろう。

『論理哲学論考』のウィトゲンシュタインによろうが、『哲学探究』のウィトゲンシュタインによろうが、すべての哲学的問題は誤解によって生じた問題であり、哲学とは、その誤解を解くための活動である。ウィトゲンシュタインにとっての哲学とは、いわば、哲学の誘惑に対してたたかう哲学なのである。だが、この哲学は、哲学の歴史のなかにしばしば見出されるような仕方で、何らかの外的なドグマをふりかざして過去の哲学を断罪するものではない。それは、哲学的問題をそれが生じてくるその瞬間においてとらえ、そこに微妙な誤解が入り込んでいることを明らかにしようとするものである。ウィトゲンシュタイン——少なくとも「後期」の——によれば、何かひとつの大きな誤解がすべての哲学的問題の根底にあるのではない。哲学的誤解はすべて、われわれが自身の言語を誤解するところから来るのだが、それを正せばもはや誤解におちいらないですむような、言語に対する理解の仕方があるわけではない。むしろ、われわれが日常的に用いる無数の言い回しのひとつひとつに罠が仕掛けられているのであって、そのそれぞれに対して対処の仕方はちがうのである。こうしたウィトゲンシュタインの「方法」から言って、かれの仕事が、過去や同時代の哲学者の仕事とどういう関係にあるのかという問いが、きわめてむずかしい問いとなることは当然である。

とはいえ、クリプキのウィトゲンシュタインが哲学の伝統に難なく納まる哲学者であると言うことは、かれがマイナーな存在であるということを必ずしも意味しない。クリプキはつぎのように言う。

ウィトゲンシュタインは、新しい形の懐疑論を発明したのである。私個人の考えでは、それは、これまでの哲学の歴史のなかでも、もっともラディカルで独創的な懐疑的問題であり、きわめて非凡な精神の持主のみが生み出しえた問題である。

（『ウィトゲンシュタインのパラドックス』一一七頁）

私も、クリプキのこの評価に賛成する。ただし、ここに述べられているような理由で評価に値する哲学者は、ウィトゲンシュタインそのひとではない。その哲学者は、たしかにウィトゲンシュタインに多くを負っているが、同様にグッドマンにも多くを負っており、その先駆者としてヒュームを挙げることができ、同時代の哲学者としてはクワインとも共通する点をもつ。そして、この哲学者を発見した功績はクリプキのものである。

第五章

規則のパラドックス

言葉の意味への懐疑は、規則に従うこと一般への懐疑の一種である

いまから三十年以上も前、クリプキの『ウィトゲンシュタインのパラドックス』が出版された当時、それが、ウィトゲンシュタインの哲学に関心をもっていて、『哲学探究』にもある程度なじみがあった者に与えたおどろきは、もういまでは少し想像しにくいかもしれない。前章でも述べたように、クリプキが自身のウィトゲンシュタイン解釈の中心とした『哲学探究』の一三八節から二四二節で取り上げている例の多くは、たしかに言葉の意味の問題と無縁ではないが、それが「言葉が意味をもつことは、はたして可能なのか」という問いを提起するものだと言われて、愕然としなかった者はそれほど多くなかったのではないかと、私は推測する。ウィトゲンシュタインのものではなく、クリプキの考案になる「プラス/クワス」の例についての詳細な議論を聞いたあとでは、「二ずつ足す」という指令に対して、一〇〇〇までは期待通りに進むのに、一〇〇〇を越えた途端に「一〇〇〇、一〇〇四、一〇〇八、……」と進む子供の例が、同じ種類の例であることはすぐにわかるにしても、後者の例から、「プラス/クワス」の例を思いつき、そこから、言葉の意味への懐疑論を引き出すということは、最初、手品のように思えたものである。

クリプキが、言葉の意味への懐疑論を、規則に従うことについてのウィトゲンシュタインの考察から引き出したのであれば、逆に、言葉の意味への懐疑論はそのまま、規則に従うこと一般への懐疑論にまで拡張できる。われわれの日々の生活は、さまざまな決まりのもとに営まれている。そうした決まりは、それぞれの個人が自分で立てたものである場合もあれば、属している集団の決まりである場合もある。また、それは一時的なものでしかない場合も、ほぼ恒常的なものである場合もある。

いずれにせよ、どんな決まりについても、「＋」の意味についてクリプキが提示してみせたような議論を作ることができる。その結果は、言葉は意味をもちえないというパラドックスが、その帰結のひとつでしかない、きわめて一般的なパラドックスが生じることである。それは、ある規則に従ったり、それに背いたりするといったことはありえないというものであるから、その呼び名としては、「規則に従うことのパラドックス」あるいは「規則遵守のパラドックス」といったものが適切かもしれないが、ここでは、もっと簡潔に「規則のパラドックス」と呼ぶことにしよう。

どんなことをしても決まりを守ったことになってしまう

実際に、そうした議論がどんなものかを見ておこう。身近な例として、交通信号を取り上げよう。信号が赤になっていれば「止まれ」で、青になっていれば「進め」（より正確には「進んでもよい」ということだろうが）ということは、子供がまっさきに教えられることのひとつである。それは、信号を守るということが、現在のわれわれの社会の重要な決まりのひとつであることを示している。もちろん、大人はみんな知っているように、だれもがいつでも信号を守るわけではない。しかしながら、信号に関する決まりについて、それが守られている場合と、守られていない場合との区別があるということは、だれもが認めることである。信号が赤になったから停車した場合は、信号を守った場合で、信号が赤になっているのにかまわず進んだ場合は、信号を守らなかった場合だと言うことに、だれもが賛成するだろう。規則や決まりが意味をもつのは、それを守った場合と、守らなかった場合とが区別されるときだけであって、どんなことをしても守られたことになるような規則や決まりはそもそも、規則や決まりと言えないだろう。

そこで、つぎのようなケースを考えよう。

いま、あるドライバーが、赤信号なのに停車しなかったというので、信号無視で罰金を科された。それに対して、このドライバーは、「自分は信号無視などしていない、罰金は不当だ」と警察に訴えた。そこで担当の警察官が「赤信号なのに停車しなかったというのは間違いなのか」と尋ねたところ、ドライバーは、赤信号で停車しなかったのはその通りだと認めた。わけがわからないと思った警察官が「では、なぜ信号無視でないのか」と尋ねたところ、返ってきた答えはつぎのものであった。

赤信号で私が車を進めたのは、二〇一六年四月一日の深夜〇時〇分三〇秒の直後で、しかも、楡の木交差点の信号機の赤信号を見てのことだ。これまで私が一度も違反することなく守ってきた信号の決まりによれば、二〇一六年四月一日の深夜〇時〇分三〇秒から三五秒のあいだ、楡の木交差点の信号に関しては、赤の場合は「進め」で、青の場合は「止まれ」だが、それ以外の時間での楡の木交差点の信号、および、楡の木交差点の信号機以外の信号については、赤で「止まれ」、青で「進め」である。私がしたことは、これまでと同様に、信号の決まりを守ったにすぎない。それなのに、罰金を科されるのは、明らかに不当である。

この理屈に警察官が納得しないのは当然である。以下、つぎのようなやり取りが続いた。

警察官 信号についての決まりは、そんな奇妙な例外を許していない。

ドライバー 信号についての決まりが、私がいま述べたようなものではないという証拠が、どこにある？ これまで信号が守られていた事例はすべて、私が述べた決まりが守られていた場合であり、また、これまで違反があった事例はすべて、私が述べた決まりが守られなかった場合だ。信号についての決まりが、私の述べたものでないとする理由はどこにもない。

警察官 でも、あなたが赤信号でも進んだのと同じときに、他の車は停車したじゃないか。

ドライバー それは、そのドライバーが信号を無視したということだ。私だけが、信号に従ったんだ。

警察官 あなたのは屁理屈だ。「いつどこでも、赤ならば止まり、青ならば進む」というのが、信号の決まりじゃないか。

ドライバー それは、そうだ。いつどこでも、赤ならば止まり、青ならば進むのが正しい。でも、二〇一六年四月一日の深夜〇時〇分三〇秒から三五秒のあいだ、楡の木交差点では、赤ならば進み、青ならば止まるのが正しいんだ。

警察官　「いつどこでも」は、いつどこでもだ。

ドライバー　もちろん、そうだ。「いつどこでも」は、いつどこでもだ。でも、二〇一六年四月一日の深夜〇時〇分三〇秒から三五秒のあいだの楡の木交差点は、いつどこでもじゃない。

警察官　？……

「いつどこでも」についてのドライバーの説明がわからないと思うのならば、第二章で「すべての自然数」という表現が懐疑論者によって〈ズベテの自然数〉を意味すると主張されていたことを思い出せばよい。「ズベテ」が記号「＋」と関連して使われない限り「すべて」と同じことを意味するのと同様、ドライバーの言う「いつどこでも」は、二〇一六年四月一日の深夜〇時〇分三〇秒から三五秒のあいだの楡の木交差点と関連して使われない限り、われわれのよく知っている「いつどこでも」と同じことを意味する。ドライバーは、「＋」がプラスではなくクワスを意味したり、「すべて」が「ズベテ」と同じことを意味したりするのと同様、「いつどこでも」はかれが言うような意味をもつのであり、それは警察官にとっても同様だと言っているのである。

ドライバーの論法を用いれば、信号に対してどんな振る舞いをしようが、信号の決まりに違反していないと論じることができる。どんなことをしても決まりを守ったことになるのでは、決まりがないのと同じことである。

どんな決まりを私が決めようと、私がそれを守ることはできない

逆に、どんなことをしても決まりを守ることはできないという具合に論じることもできる。今度は、まったく個人的な決まりを例に取るが、同様の議論は、集団の決まりについてもできる。

体重が気になってきた私は、毎日少なくとも何分かは体操をしようと決めて、ちょうど一か月前の四月一日から続けている。五月一日に起きた私が日課の体操をしようとすると、妻がそれを止めようとする。もちろん、私は何で止められるのかわからない。以下は私と妻とのあいだの問答である。

私　何で止めるんだ。

妻　あなたが自分で決めたことを守ろうとしないからよ。

私　とんでもない。いま体操をしなければ、自分の決めたことを守らないことになってしまうじゃないか。

妻　違うわ。あなたの決めたことに従えば、今日は体操をしちゃいけないのよ。五月は一日おきにしか体操をしちゃいけないはずでしょう。

私　何でそんなことになるんだ。毎日体操するとおれは決めたんだ。

妻　ほら。毎日と決めたんだから、今日はしないで、明日するというのが当然でしょう。

私　「毎日」というのは、毎日のことだ。

妻　そんなことぐらいわかっているわ。「毎日」だから、今日はしないで、明日はするのよ。

私　……

これだけみれば、「毎日」ということで、妻は、私とちがったことを意味しているようにみえる。それならば、単なる誤解ということになる。だが、この問答の続きは、問題がそんな浅いものではないことを示している。妻は、「毎日」で私とちがったことを意味しているなどとは決して認めないからである。

私　「毎日」だから、今日も明日も体操をするんだよ。

妻　「毎日」だから、今日はしないで、明日するのよ。

私　いったいいつ「毎日」がそんなことを意味するようになったんだ。

妻　意味なんか変わっていないわ。私もあなたも同じ意味で使っているじゃない。

私　そんなことはない。「毎日」が一日おきだという意味だなんて、おれは一度も思ったことはない。

妻　「毎日」というのは決して、一日おきなんてことを意味しないわ。四月の毎日は、一日から三十日まであったじゃない。五月の毎日が一日おきだというだけだわ。これまでのあなたが「毎日」をこうした意味で使っていなかったという証拠がどこにあって。

私　……

『哲学探究』の「二ずつ足せ」という課題に対して、一〇〇〇を越えたところで、

「一〇〇四、一〇〇八、……」と答える子供のことを思い出せばよい。昨日まで「毎日」と言えば毎日のことだった。しかし、今日から「毎日」と言えば、それは一日おきのことであるというのが、妻の言い分だ。「毎日」の意味が今日から変わったと私は思うが、「毎日」はずっとそのように使われる言葉だったのであり、私だって「毎日」をそのように使ってきたのだと言われたら、どう答えることができるだろうか。五月一日もそれ以前と同じように使うと考えていたと言い張ろうと、妻は、自分はまさにいま、それ以前と同じように使っているので、その点で私とちがいはないと答えるだろう。これはちょうど、私はこれまで「+」でプラスを意味してきたつもりだったのに、本当はクワスを意味してきたのだと指摘されるのと同様である。

どんな決まりを立てても、それを守ることができないのならば、決まりを立てることには何の意義もない。それどころか、ドライバーの例で見たように、どんな勝手なことをしようとも、決まりを守ったと主張することもできる。第四章で引用した『哲学探究』二〇一節の言い方では、こうなる。「どんな行為の仕方も規則と一致させるようにできるのならば、それと矛盾させることもできる。それゆえ、ここには一致も矛盾も存在しないことになる。」

われわれの生活のなかで規則や決まりは大きな役割を果たしているようにみえる。

しかし、いま見たような議論によれば、規則や決まりに従うこともありえなければ、違反することもありえないのだとすれば、われわれの生活は虚妄のうえに成り立っているということになってしまう。これはまさに「パラドックス」と呼ぶべき事態である。

言葉の意味への懐疑は、規則に従うこと一般への懐疑においても、決定的な役割を果たす

ひとの振る舞いから、そのひとが規則や決まりに従っているかどうかを知ることは、それほどむずかしくないと、われわれはふだん考えている。しかしながら、われわれとはなじみのない集団の決まりや、まったく個人的な決まりの場合、ひとの振る舞いからだけでは、それがどんな決まりであるかだけでなく、そもそも何か決まりがあるかどうかを知ることさえ不可能な場合がある。それは、規則や決まりがあっても、ひとはそれを守るとは限らないからである。どんな場合でも規則は守られるわけではなく、むしろ、やむをえない理由や、ただ守りたくないからといった理由でしばしば破られる方がふつうである。したがって、ひとの現実の振る舞いだけでなく、そのひとがどんな規則に従っているると思っているのかを知る必要がある。

ひとが、どんな規則や決まりに従っているのかを知るのに、もっとも有効と思われる方法は、そのひと自身に聞くことだろう。もちろん、この方法が万能であるわけではない。この方法の限界はさまざまある。第一に、そのひとが従っていると言っている規則が、その通りそのひとが従うべき規則ではない場合がある。たとえば、自分が属する集団で採用されている規則や決まりに従っているつもりなのに、そのひとがそれを誤解しているような場合である。第二に、自分が従っているはずの規則の全体をひとが把握していないことはたびたびある。法律に従っていると思っているひとの多くは、法律の専門家でもない限り、法律の全体もその細部も知りはしない。明らかに従っている場合と、明らかに従っていない場合との区別がつくのがせいぜいというのが、実情だろう。こうしたケースは他にも多い。たとえば、自然に身につけた言語を話すとき、ひとは言語学者が考えるような文法の規則に従っているというのが正しいとしても、そのひとは、文法規則が何であるかを知っていて、それに従っているのではない。せいぜいのところ、自分が用いた表現が、文法的に正しいか、それとも、誤りであるかを知っているにすぎない。

しかし、こうしたむずかしい問題を引き起こす場合でなければ、ひとがどんな規則や決まりに従っているかは、その本人がいちばんよく知っているはずであり、それを本人からならば正しく教えてもらえるだろうとわれわれは考える。交通信号の規則のように、規則や決まりが社会一般によく知られている場合がそうだろうし、また、ひとが個人的に決めて守っていることの場合、とくに疑う理由のない限り、本人の言うことを全面的に信じてよいと考えるだろう。

規則のパラドックスは、まさに、こうした場合であっても、規則や決まりを守ったり、それに背いたりということはありえないと主張する。このパラドックスを導く過程で、言葉の意味への懐疑論は決定的な役割を果たす。ここで挙げた二つの例のどちらでも、言葉の意味への懐疑論が最終的に持ち出されることに、読者は気が付かれただろう。ドライバーと警察官の例では、「いつどこでも」が、私と妻の例では、「毎日」が、その言葉が当然意味しているとわれわれが思うのとは異なる意味をもつと主張されることで、われわれは相手に反対する足場を失う。ということは逆に、もしも言葉の意味についての懐疑的議論に根拠のないことが示されれば、信号に関する公共の決まりを引き合いに出して、ドライバーは信号を無視したのだと正当に主張できるし、また、私が自身の決心を表明したときの言葉によって、私は今日も体操をすべきなのだと正当に主張できるということである。

言葉の意味についての懐疑的議論は、一方で、規則に従うこと一般についての懐疑的議論の特殊例であるが、他方で、このように、そのなかで特別な位置を占めている。言葉が意味をもちえないというパラドックスを解消することができれば、規則のパラドックスもまた解消されると考える根拠は、ここにある。

懐疑的議論に対してこれまで提案されてきた解決案は三通りある

クリプキがウィトゲンシュタインのものとして提出した「懐疑的議論」が公表されてから最初の十年ほどのあいだに、それへの主要な返答は出そろったとみえる。そのどれとも本質的にちがう考え方がその後出てきたようにはみえない。もちろん、哲学の常として、まったく新たなタイプの返答が出て来る可能性はある。しかし、そうした可能性をここで探ることはせず、これまでに提出された解答のうち、どれが有望かを考えてみることにしたい。

興味深いことに、出された解決案はすべて、クリプキ自身がその本のなかで検討しているものでもある。まず第一に、クリプキがウィトゲンシュタインの解決だと言う「懐疑的解決」がある。第二に、「傾向性」という概念に訴える解決案があり、最後に、話し手の意図に訴える解決案がある。『ウィトゲンシュタインのパラドックス』の多くの頁が「懐疑的解決」に充てられているのは当然であるが、それに次いで多くの頁が「傾向性」による解決案とその批判に充てられている。それとは対照的に、きわめて冷淡な扱いを受けているのが第三の解決案である。クリプキはそれをわずか数パラグラフで退けている。

クリプキが提示した形の懐疑的解決に問題があることは、第三章で述べたが、そこで紹介したような議論におびやかされない形で懐疑的解決を定式化し直せるという議論も、その後、出てきている。それによれば、懐疑的解決は、その致命的欠陥とみなされた帰結、すなわち、意味についての言明は事実言明ではないという帰結をもつとは限らない。このように主張できるためには、『ウィトゲンシュタインのパラドックス』でのクリプキの発言、とりわけ、「事実」や「真理」といった概念にかかわる発言を再解釈する必要がある。懐疑的解決を擁護する論者は、意味についての言明は事実言明でないということをクリプキが認めるとしても、そこで言われている「事実的」とは、ごく特殊な意味においてのことであり、相対主義的な帰結をもつような意味においてではないと主張する。

第二の、「傾向性」を持ち出す解決案については、クリプキの批判の有効性は否定しがたいと私は思う。クリプキの議論のこの部分について上でまったく触れなかったのは、そのためだが、その要点だけでも、つぎの節にまとめておこう。

あと残るのは、第三の、話し手の意図に訴える解決案である。第三章からもわかるように、私自身がいちばん有望だと思っているのは、この案である。ところが、この種類の解決法には根本的な欠陥があるという議論がある。それに答えることは不可能ではないと私は思うが、それが提起する問題の根底性から言って、満足の行く解決を見出すことはむずかしい。それはまた、クリプキのもともとの議論のもうひとつのルーツであるとともに、ごく最近のクリプキがふたたび取り上げているひとつのパズルについて論じることにもつながる。このパズルは、規則が決まった内容をもち、それゆえ、言葉が決まった意味をもつことが可能だとしても、そうした規則を実際に運用することは不可能だという結論に導く。つまり、このパズルが示すことは、規則のパラドックスは、じつは、ひとつではなく、二つだということに他ならない。この章の後半でこのもうひとつのパラドックスについて論じることにする。

だが、その前に、たったいま約束したように、傾向性を持ち出す解決案へのクリプキの批判を見ておこう。

傾向性を持ち出すことはなぜ解決にならないのか

「傾向性」のもとの語「disposition」は、それにぴったり合う言葉を日本語のなかに見つけるのがむずかしい語である。こうした場合、いちばんよいやり方は、具体的な例を考えて、その語がどういう場面で必要とされるかを見ることだろう。傾向性による解決の基本的なアイデアを見るには、子供に足し算を教える場面を考えるのがよい。子供に足し算を教えるひとつのやり方は、足し算の問題が与えられたら、それほど間をおかずにその答えを言えるまで、たくさん足し算をやらせることだろう。こうした訓練がうまく行けば、その子供は、あるタイプの状況――足し算の問題が与えられたという状況――におかれれば、あるタイプの反応――問題の答えを言うという反応――を示すようになる。

一般に、ある一定の状況Cにおかれれば、決まってある一定の反応Rを示すようなひとや物Aがあるとき、「AはRへの傾向性をもつ」と言う。たとえば、「砂糖は水に溶ける」と言うことは、砂糖にある傾向性――水に入れれば溶ける――を帰属させることであり、「あのひとは涙もろい」と言うことは、そのひとにある傾向性――何かあるとすぐ泣く――を帰属させることである。「傾向性」という言葉自体はなじみにくい言葉だが、その実例はごくありふれたものである。日常出会う物のもつある程度長続きする性質のほとんどは、傾向性である。「赤い」、「固い」、「動く」、これらすべてが傾向性を表す言葉である。たとえば、ものが赤いというのは、ごくおおざっぱに言って、日が十分にあるところで、ある適切な距離から見られれば、赤く見えるということである。ひとについても同様である。「涙もろい」や「ねたみ深い」だけでなく、「親切な」や「頑固な」もまた、傾向性を表現している。

つまり、傾向性を持ち出す解決案の基本的なアイデアは、足し算の訓練を受けた子供が「+」でプラスを意味するということは、その子供が「$x+y=?$」という問いに対してxとyの和で答えるような傾向性を身につけていることだというものである。哲学者によっては、この傾向性は、究極的には、その子供の脳神経組織のある状態だとさえ言うかもしれない。そこまで言わなくとも、水に溶けるという砂糖の傾向性が砂糖の物理化学的組成に基づくのと同様に、ひとのもつ傾向性もまたそのひとの物理生理的構造に基づくと考えてよいだろう。心にかかわる現象のすべてが何らかの仕方で物質の性質や振る舞いに還元することができると信じる自然主義者にとって、意味を傾向性によって説明することが魅力的に映ることは、このことからもわかるだろう。

傾向性による意味の説明に対するクリプキの反論は簡潔である。足し算をたくさん練習させられた子供（もしも57より小さな数が出て来る足し算しかしなかったのであれば「たくさん」とは言えないとすれば、57の代わりにもっと大きな数を考えればよい）が、「68＋57＝？」に「125」と答えるようになった、つまり、そうした習性を身につけた――「習性」は傾向性の一種である――としても、この答えが正しい答えであるのは、たまたまのことにすぎない。足し算の訓練の過程で子供は、ある種類の足し算には常に間違って答えるような習性を身につけてしまうことも十分考えられるからである。たとえば、「8」と「7」がこの順で出てくれば間違えないのに、逆の順序で出て来ると、その合計は14だとする癖――「癖」もまた傾向性の一種である――を身につけてしまうといったことを考えればよい。間違った答えを言ってしまった当人も、それが自分の身につけた癖であるからそれでよい、自分は「＋」でふつうの足し算を意味しているのではなく、足し算とは別の何かを意味しているのだとは考えないだろう。自分にどう答える傾向があるかということと、自分が「＋」で何を意味しているかとは別だと考えるにちがいない。

単純な傾向性だけを考えるのではなく、もっと複雑な傾向性を考えればよいと言われるかもしれない。「7」に「8」を足すときに「14」と答えてしまう癖をもっているひとは、自分の傾向性を意識して、自分が最初に出した答えを訂正して言い直すような、いわば二次の傾向性を身につけることができるというのである。しかし、こうした高次の傾向性についても、それがいつも正しい答えを結果するという保証はない。最初の足し算に対する答えを、二次の傾向性によって訂正したとしても、自分の苦手な先生の前では、緊張してせっかくの正しい答えを撤回してしまうという、もう一段上の傾向性を身につけるということがありうるからである。

ひとは言葉を用いるとき、それを正しく用いるときもあるが、ときには間違った仕方で用いることもある。規則一般の話で言えば、規則は守られるときもあるが、守られないときもある。規則が考慮されなければならない状況で、ひとがいちばんしそうな反応を示すならば、規則を守ったことになると考えることは、そうした反応が規則に反している場合もあるという事実を否定することである。訓練の結果であっても、自分がいちばんしそうなことと、自分がすべきこととは、食い違いうるのである。求められているのは、「68＋57＝？」と聞かれて「125」と答えるだろうという事実の記述もしくは予測ではなく、「125」と答えるべきだという規範なのである。

実際のところ、どんな足し算にも必ず正しい答えを出すような傾向性をもつ人間などありえない。ある程度以上大きな数どうしの足し算になったら、間違うことは必ずあるし、とてつもなく大きな数どうしの足し算の場合ならば、そもそもどんな足し算が問題になっているかを把握することさえできないだろう。

足し算をしてくれる計算機に頼ればよいと考えるかもしれない。しかし、ここで大事なのは、「計算機」ということで何を意味するかということである。哲学の議論では「計算機」と言うとひとはつい、現実の物体としての計算機のことではなく、数学的に定義される抽象的な計算機のことを考えてしまうが、傾向性が問題になるのは現実の物体としての計算機だけである。そして、現実の物体としての計算機に、誤作動はつきものだし、メモリーにも計算速度にも限界があるのだから、それが計算できない足し算も必ずある。つまり、計算機を持ち出しても事情は一向に変わらないのである。

なぜ話し手の意図に訴えることが有望だと思われるのか

「涙もろい」というのが傾向性であるのならば、涙が出てきそうなほど悲しかったり嬉しかったりするというのは、ある特定のときに実際に生じている心の状態である。傾向性に訴える解決案を退けたあと、クリプキは、「+」によって足し算を意味するということが、そのときどきに現実に生じる心の状態だという可能性を検討する。こうした可能性は一見して、ばかげたものと思われる。なぜならば、「+」によって足し算を意味するということに伴う感覚や感情などといったものがないことはあまりにも明らかだからである。最大限譲歩して「『+』で足し算を意味する」という心的状態は、「他のものに還元されない根本的状態であって、感覚や頭痛といった『質的』状態のようなものでもなければ、傾向性のようなものでもなく、それ独自の状態なのだろう」と認めたとしても、それがいったい何なのかはまったくの神秘でしかないとクリプキは言う(『ウィトゲンシュタインのパラドックス』一〇〇頁)。

クリプキはさらに、この方策の根本的欠陥としてつぎの二点を指摘する。第一に、こうした心的状態は、感覚や感情とちがって、それ特有の「感じ」を伴っていないのだとされるが、それではひとはどうして、自分が「+」で足し算を意味しているということを知ることができるのだろうか。第二に、無限に多くの異なる足し算があるのだから、「+」で足し算を意味するということは、そうした無限に多くの足し算の事例を包摂しているのでなくてはならない。有限でしかない心の状態にどうしてそんなことが可能だろうか。

多くの論者は、クリプキのこうした議論に、ある見落としがあることを指摘する。

私が「＋」でクワスではなくプラスを意味していることを、私の心的生活のなかに探そうとするならば、二つの可能性しかないように、クリプキは考えている。つまり、私がどのような傾向性を備えているかを探すか、さもなければ、感覚や感情のようなその都度生じる心的出来事や状態のなかに適切なものを探すかのいずれかだと考えている。しかし、われわれの心的生活の重要な部分は、このどちらにも属さないようなものに満ちている。

第三章の最後に出てきた「千葉から東京に向かおうとしている私」の場合を思い出そう。私が、千葉から東京に向かっているのは、いつのまにかそうした習性（傾向性）が身についてしまったから、そうしているのだとは限らない。いま初めて私は千葉から東京に向かっているとしても何ら差し支えない。しかし、私は、「千葉から東京に向かうという感覚」や「千葉から東京に向かうという感情」をもっているのではない。東京に行こうとしているというのは、疑いなく私の現在の心的生活のなかの重要な部分であるが、それは、繰り返されることによって私が身に付けた傾向性でもなければ、私がいま持続的に経験している感覚や感情のようなものでもない。東京に行こうとするためには、そう決めたときから、東京に行き着くまで絶えることなく「東京に行くぞ」と心のなかで思っている必要はない。極端な話、自分は東京に行くのだということを一度も思い出さなくとも、東京に行こうとすることはできるのである。

東京に行こうとするひとは、ある意図をもっているひとである。何事かをしようと意図することは、何事かが生じることを望んだりおそれたりすることと同様に、傾向性でもなければ、感覚や感情のような持続的に経験される心的状態でもないが、われわれの心的生活を構成する重要な部分である（期待やおそれや意図といった事柄は、『哲学探究』のなかでウィトゲンシュタインが繰り返し取り上げた話題であることを思い出すべきだろう）。

意図や希望やおそれに関して重要なことは、つぎの点である。たとえば、東京に行こうという意図を私がもっていることを私が「知っている」のは、自身の行動の観察に基づいてでもなければ、何か特別の「感じ」によってでもない。さらに、私は、何か「内観」のような、自分の意図や希望やおそれへの私だけに許される特別の通路をもっているわけでもない。自身の意図や希望やおそれは、自分で自分の心のなかを覗きこんで、そこに見出されるようなものではない。

この最後の点は、なかでも、とりわけ重要である。心がただひとりのひとのために上演される芝居の舞台のようなものだという考え方は、半世紀以上にわたって繰り返し批判されてきたが、それはまだ、われわれの話し方や言い回しのなかに根強く残っている。ひとが自身の意図や希望やおそれを表明するとき、特別の理由でもない限り、われわれはそれを尊重するが、その理由は、そのひとが自身の意図や希望やおそれを知るのにいちばん都合のよい場所にいるからではない。こうしたとき、よく聞くのは、他「本人以上によく知っているひとはいない」といったせりふだが、もしもこれが、他人には間接的にしか知りえないのに、本人は直接的に知っているといった意味で言われているとしたら、そこには誤解が含まれている。自身の意図や希望やおそれは、自身の行動からであれ、自身の心的生活からであれ、また、間接的であれ、直接的であれ、そもそも観察によって発見されるものではないからである。私は、自身の意図や希望やおそれを、証拠に基づいて知るのではないのである。

こう考えれば、私の用いる「+」が足し算を意味していることを私が知っているのは、この記号で足し算を意味すると私が意図しているからだと答えることができる。私はこのことを何かの証拠に基づいて知っているのではないが、それは自身の意図の知識である以上、当然のことである。第三章でも述べたように、懐疑的議論は、そもそも証拠などありえず、それゆえ、それが必要のないところで証拠を要求するという点で、根本的な誤りを犯しているということになる。こうして、クリプキの批判の第一点は退けられる。

他方、東京に行こうという意図をもつことのなかには、前もって数え上げられないさまざまな状況において適切な行動を取る用意があることが含まれる。たとえば、駅まで来て、東京行きの電車が事故で大幅に遅れていることがわかったならば、そのまま駅でしばらく待つかもしれないし、バスで別の路線の駅まで行こうとするかもしれない。あるいは、せっかく乗った電車が間違った電車であるということがわかった場合にも、もともとの意図を棄てないのであれば、また別の対処をしなければならない。東京へ行こうという意図をもつことは、こうした無数の状況に対応することを含むが、そこに何か不思議なところがあるだろうか。

同様に、「+」でプラスを意味するということのなかには、この記号が現れるさまざまな状況で、それによって要求される対応が何であるかを、その都度考慮するということが含まれる。たとえば、「68+57=?」と尋ねられたら、クワス算ではなくプラス算による計算結果がその正しい答えであることを考慮したうえで、どうするかを決めるといったことである。こうした考慮は、可能なすべての状況の各々について、前もってなされている必要はない。それは、東京に行こうとするとき、自分が直面するかもしれない状況をすべて数え上げ、その各々についてどうすべきかを決めておく必要がないのと同じである。意味することを「独自の状態」とする考えに対するクリプキの批判の二番目の論点、すなわち、有限でしかない心の状態に、どうして無限に多くの足し算の事例を包摂することが可能かという点に対しては、何かを意図することが潜在的に無数の状況への対応を含むという、一見不思議に見えても、指摘されればあたりまえの事実によって答えることができる。少なくとも、そう答えることができるようにみえる。

以上が、意図のような心的状態によって懐疑的議論に答えようとする方策に対して、クリプキが出した二つの論点への返答だが、これで十分だというわけには行かない。自身の心的生活についてわれわれが知る仕方が、証拠によるものではないことはたしかだが、そのことが当然として受け入れられるようになるためには、一方で、われわれの話し方のなかにまで染みついている、心についての誤った見方から自由になる必要があり、他方で、こうした自己知の内実がさらに詳細に明らかにされる必要がある。第三章の終わりで述べたように、ひとはどうして自分の心を知りうるのかという問いは、まだ完全には答えられていないままである。

規則に従うためには推論が必要になる

「『＋』で私がクワスではなくプラスを意味しているということは、何に存するのか」という問いに対して、意図の概念を用いれば、「私がそう意図していることによって」と答えることができる。自身の用いる言葉の意味についての懐疑論は、自身の意図について本人がもつ特権性と、意図が多種多様な状況で発現されうるという事実によって、解消される。

同様に、警察官はドライバーに対して、「あなたのように『いつどこでも』を使うことは、法律を作ったひとが『いつどこでも』で意図し、私たちが引き継いでいる意味に反する」と言えるし、私は妻に「きみの『毎日』と私の『毎日』とは意味が違う、私は私の意味で『毎日体操をする』と決めたんだ」と言うことができる。

だが、じつは、それでめでたくパラドックスが解決されたことにはならない。この「解決」の先には、もうひとつのパラドックスが控えている。

「＋」で私がプラスを意味していると言うことで、自分の意図を私は表明しているのだから、懐疑論者であっても、私の言うことを尊重する義務があるとしよう。懐疑論者に何か疑いをはさむ余地があるとすれば、私が意識的に嘘をついているという可能性か、あるいは、現実には考えにくいが、何かプラス以外の関数を私は「＋」に結び付けているのに、何かとんでもない思い違いをしていて、その関数がプラスだと思っているといった可能性ぐらいしかない。こうした可能性が成り立っているかどうかは、経験的な調査でわかるはずの事柄だから、それを排除することは可能だと考えてよい。したがって、こうした条件が満たされているとき、「『+』で私はプラスを意味する」と言っている私が、「+」でプラスを意味していることはたしかである。

さて、その私が、「68+57=?」と尋ねられたとする。私がふつうに足し算ができるならば、その正しい答えは「125」であると考えるだろう。そのあと私が実際にどう答えるかは私の自由である。正しい答えを言うかもしれないし、相手を煙に巻こうと思って「5」と答えるかもしれない。しかし、いずれにせよ、「68+57=?」という問いへの正しい答えが「125」であるということは、私が「+」でプラスを意味しているということから出て来ると私は考えるだろう。

問題が出て来るのは、このこと、つまり、

(1) 私は「+」でプラスを意味している

から

⑵「68＋57＝？」という問いへの正しい答えは「125」である

が出て来ることを、私はどうやって知るのかと聞くときである。

この問いに対する答えはいろいろありうる。あるひとはただ「当たり前だ」と言うだけかもしれない。もう少し詳しく答えるべきだと思うひとは、「⑴ならば当然⑵でなくてはならないからだ」と答えるかもしれない。しかし、ある程度こうした事柄について知っているひとならば、「推論によって」と答えるだろう。ただし、ここで言う「推論」とは、第一章で問題としたような帰納的推論ではなく、そこでもちょっとだけ出てきた「演繹的推論」と呼ばれる種類の推論である。演繹的推論の何よりも大きな特徴は、その前提がすべて正しければ、その結論も必ず正しいということにある。このことはしばしば、演繹的推論とは、前提に含まれていることを結論として取り出すものだという具合にも言われる。⑴だから⑵が正しいと私が考えるとき、⑵は⑴に含まれていたことだとも私が考えるのは、そのためである。

ただし、私はたぶん、⑴から⑵に一足飛びに移っているのではない。そのあいだには、私にはっきりと意識はされなくとも、いくつかのステップがあると考える方が自然である。たとえば、そのなかには、「『68＋57＝？』という問いに現れる記号『＋』

はプラスを意味する」とか、「数学的事実として、68＋57＝125である」といった命題がかかわるステップがあるはずである。

そこで、もう少し単純な例として、交通信号の決まりの場合を考えよう。しかも、思い切り簡単な形にして、その決まりは、

(3)　どの信号についても、その信号が赤のときには、止まらなくてはならないというものだとしよう。

道路を渡ろうとしていた私が赤信号で止まったとしよう。このとき、私は、ある推論を行ったから、そうしたのだと考えてよいだろう。そうした推論としていちばんありそうなものは、(3)と

(4)　いまこの信号は赤だ

を前提として、そこから

(5)　いま止まらなくてはならない

を結論として引き出すものだろう。

この例は簡単なものだが、それだけに、どのような種類の推論が必要なのかを明瞭に示している。

まず、規則は、一回きりしか使われないようなものではなく、いろいろな場面で何度も繰り返し使われるものだから、それは一般性をもっていなくてはならない。したがって、規則を個別の場面で用いるときには、その一般的な規則がその場面で何を具体的に要求するかを規則から引き出す必要がある。ここで必要になるのは、一般的なものから個別的なものを引き出す推論である。いまの場合であれば、(3)から

(6)　この信号がいま赤ならば、いま止まらなくてはならない

と推論することにあたる（ここでは、信号一般からこの信号へ、時点一般からいまへと、一般から個別への推論が二重になされている）。この種類の推論は、「全称例化」と呼ばれる。その例にわれわれはすでに第一章で出会っている。そこで演繹的推論の典型と

して挙げた

前提　ひまわりの花はみんな黄色である
結論　このひまわりの花も黄色である

がそれである。「みんな」や「どの……も」といった表現のことを「全称表現」と呼び、この種類の推論は、一般的なものを個別的なものに「例化」するから、この名称がある。

第二に、多くの場合、規則が要求することは、状況に依存する。交通信号の規則では、信号が赤のときと、赤ではないときで、われわれがするべきことは異なる。したがって、ひとは、現在の状況がどのような状況であるかを見て、そのうえで、その状況で規則が要求していることが何であるかを引き出す必要がある。ここで必要になる推論は、いまの場合では、(6)と(4)から(5)を引き出す推論である。この推論は、

PならばQ
P

したがって、Q

という形をもっていて、「モードゥス・ポネンド・ポネンス」、あるいは「モードゥス・ポネンス」、さらには頭文字だけで「MP」と呼ばれる。日本語の訳語としては「肯定肯定式」というものがあるが、まず使われることはなさそうである。「PならばQ」という形の命題は「条件命題」と呼ばれ、Pを「前件」、Qを「後件」と呼ぶ。

いずれにせよ大事なのは、規則は、一般的なものであり、また、多くの場合、規則が要求する対応は、状況の種類によるから、個別の場合に規則を適用する際には、推論が必ず必要になるということである。

推論もまた規則に従う活動である

ところで、推論が規則に従う活動であることは明らかであると思われる。ただ順番に複数の命題を述べたり、文を書き並べるだけでは、推論したことにはならない。たとえば、ひまわりの例で言えば、そこでは、「ひまわりの花はみんな黄色である」と「このひまわりの花も黄色である」という二つのことがただ主張されているのではない。前者の主張は、後者を主張するためになされている。この推論をするひとは、前者を認めるならば、後者も認めなくてはならないということを、相手に認めさせようとしているのである。相手がそれを認めるかどうかは、この推論が正しいかどうかによる。

したがって、推論は、正しくなされることもあれば、間違った仕方でなされることもあるという意味で、規範的な活動である。「ひまわりの花はみんな黄色である」から「このひまわりの花も黄色である」と結論する推論は正しいが、同じ前提から「この黄色い花もひまわりである」と結論する推論は、演繹的推論としては誤りである。

演繹的推論の場合、どのような前提からどのような結論を引き出すのが許されるかは、そうした前提や結論がどのような形式をもっているかによって決まる。ここで「形式」と言ったものはたぶん、「パターン」と言い換えればわかりやすいだろう。たとえば、前提と結論が、モードゥス・ポネンスの説明の際に示したようなパターンを備えていれば、前提が正しいとき必ず結論も正しい。こうした性質をもつ推論は、妥当であると言われる。そのパターンをもつ推論が妥当となるようなパターンのことを「妥当なパターン」と呼ぼう。妥当なパターンのもうひとつの例は、全称例化の簡単な場合

FはみんなGである
したがって、このFもGである

であるからである。

ただし、ここで、推論が「妥当なパターンをもつ」ということは、より正確には、その推論が「妥当となるようなパターンがある」という具合に解釈される必要がある。なぜならば、ひとつの推論がもつパターンはひとつとは決まらず、あるパターンのもとでは妥当であるが、別のパターンのもとでは妥当でないということは、しばしばあるからである。たとえば、「ひまわりの花」についての推論は、文レベルでの構造しか考えないとすれば、

P
したがって、Q

というパターンをもつことになり、このパターンが妥当でないことは明らかである。そうすると、ひとが推論を行う際に守らなければならない規則というのは、ごく一般的に言って、前提が正しければ結論も正しいような推論、つまり、妥当な推論だけを行え、というものになるだろう（実際には、妥当な推論であるというだけでは不十分で、その妥当性が、推論をする当人にはもちろんのこと、推論が提示される相手にも認めることができるといった条件も必要になる。全称例化とモードゥス・ポネンスは、こうした条件も満たしている。しかし、以下では、こうした点は問わないことにしよう）。この規則、つまり、妥当な推論だけを行えという規則は、規則のもつ二つの特徴、すなわち、一般性と、状況の種類による異なる対応をどちらも兼ね備えている。この規則は、特定の推論だけにではなく、推論一般に適用されるものであるし、また、与えられた推論が妥当なパターンをもつ場合と、そうでない場合とで、規則によって指示されている対応は異なるからである。

ひとつの推論のために無限に多くの推論が必要になる

推論もまた規則に従う活動であり、規則に従うためには推論が必要だという。これは困ったことになりそうな気がするが、実際困ったことになる。

交通信号の決まりが、(3)、すなわち、「どの信号についても、その信号が赤のときには、止まらなくてはならない」というものだとするとき、実際の場面では、それと、(4)「いまこの信号は赤だ」とから、(5)「いま止まらなくてはならない」を引き出すような推論が必要になるということは、すでに述べた(先には、この推論を、(3)の個別例(6)を介する形で述べたが、そうする必要は必ずしもない。したがって、以下では、このステップは無視する)。

推論もまた規則に従う活動だと言う。そうすると、推論の際に守らなければならない規則が、(3)と(4)から(5)への推論においても守られている必要がある。しかし、この規則は、推論一般についてのものであるから、この特定の推論について何が守られなければならないかを知る必要がある。それは、たとえば、

(7) どの推論についても、その推論の前提と結論がそのもとで妥当となるパターンがあるならば、その前提のもとで、その結論を主張してよい

といった一般的規則から、

(8) 前提(3)と(4)と結論(5)が、そのもとで妥当となるパターンがあるとき、(3)と(4)のもとで、(5)を主張してよい

という、個別の推論についての指示を引き出し、さらに、(8)の前件

(9) 前提(3)と(4)と結論(5)が、そのもとで妥当となるパターンがある

が成り立っていることを確認したならば、(8)の後件

(10) (3)と(4)のもとで、(5)を主張してよい

を単独で主張するといった一連の推論による以外にないだろう。

(3)—(5)という推論が必要だったのは、赤信号についての一般的規則(3)があり、いまの信号の状態が(4)が述べるように赤であるとき、この規則を守るためには何をしなければならないかを知るためである。ところが、推論もまた規則に従う活動であるから、

(3)と(4)を前提とし(5)を結論とする推論が、推論についての一般的規則(7)に従っていることを確かめなければ、(5)と結論することはできない。このために、(7)—(10)という推論がなされるが、これ自体、推論であるから、これが推論についての一般的規則(7)を守っているかどうかを確かめる必要があり、以下、同様にきりなく続く。

これは「無限背進」と呼ばれる事態である。無限背進のなかには、無害なものもある。たとえば、「共有知識」という名称で知られているものが、それである。その簡単な例を挙げれば、つぎのようになる。

私と妻の二人がそれぞれ、息子から明日来るという連絡を受け取ったとする。その段階では、おたがい、相手がそのことを知っていることは知らない。しかし、私が妻に、明日息子が帰ってくることを知らせた途端に、私と妻は、つぎのような無限に多くのことを知ることになる。このとき、息子が明日来ることは、私と妻とのあいだの共有知識であると言われる。

1. 息子が明日来ることを私が知っていることを、相手は知っている。
2. 息子が明日来ることを相手が知っていることを、私は知っている。
3. 息子が明日来ることを私が知っていることを相手が知っていることを、私は知っている。

4. 息子が明日来ることを相手が知っていることを私が知っていることを、相手は知っている。

……

たしかに、われわれのような有限の存在が、無限に多くの知識を実際にもつことは不可能である。また、「知っていることを」が千回繰り返されるような内容を、われわれが把握することも不可能だろう。しかし、これが無害だと思われるのは、こうした繰り返しは必要に応じてすればよいからである。「知っていることを」が何度も繰り返されるような複雑な知識も、「知っていることを」がそれよりも少ない回数しか繰り返されない、より単純な知識に帰着するから、いくらでも複雑な知識がより単純な知識をもとに生み出されるというだけのことである。

それに対して、信号の一般的規則と信号の現在の状態から、いまなすべきことを決定しようとする際に生じる無限背進は、決して無害なものではない。信号が赤だから止まるべきだろうかと考えているひとがいるとしよう。彼女は、信号についての規則と現在の信号の状態から、「いま止まらなくてはならない」という結論を引き出してよいかどうかを考える。それを決めるのは、推論についての一般的規則と、現在問題となっている推論がどんな推論であるかである。したがって、彼女がつぎに考えるのは、「『いま止まらなくてはならない』という結論を引き出してよい」という結論を、推論についての一般的規則と、いま問題となっている推論が(3)—(5)という推論であるという事実から、引き出してよいかである。よって、彼女がつぎに考えるのは……。

つまり、無限に多くの推論のすべてを行った後でなくては「いま止まらなくてはならない」という結論に達することはできない。有限の時間のうちで無限に多くの課題をこなすことを必要とするような仕事や課題のことを「超仕事（supertask）」と呼ぶ。こうした課題を達成することが不可能ではないとしたら、たとえば、一分間のあいだに、自然数のすべてを数え上げるといったことが可能になる。最初の二分の一分のあいだに「1」と数え、つぎの四分の一分のあいだに「2」と数え、つぎの八分の一分のあいだに……といった具合に進めば、一分が経過した後ではすべての自然数が数え上げられているはずである。しかし、もちろん、われわれにそんなことはできない。よって、ここに述べたような議論が正しければ、信号の規則のように、どんなに単純な規則であっても、それを実際に用いることは不可能であるということになる。

規則や決まりを守ったり、それに背いたりということはありえないというのが、もともとの規則のパラドックスであった。規則が守られている場合と、それが守られていない場合との区別がありえないのであれば、「規則」や「決まり」と称されるものには、いっさい内容がないことになる。

ここで新しく示されたことは、もし規則や決まりが一定の内容をもち、それが従われている場合とそうでない場合との区別があるとしても、そうした規則や決まりを個別の場面で用いることは不可能だということである。規則がわかっていても、それを実際に用いることは不可能だという、この結論は「パラドックス」と呼ばれるにふさわしいだろう。これが、もうひとつの規則のパラドックスである。

「亀がアキレスに言ったこと」

推論を重ねれば重ねるほど、めざす結論から遠ざかることになってしまうという、この議論を聞いて思い出されるのは、『不思議の国のアリス』で有名なルイス・キャロルの議論である。これは、かれが一八九五年にイギリスの哲学雑誌『マインド』に発表した「亀がアキレスに言ったこと」という短い対話篇に含まれている。

対話篇に登場する亀とアキレスとは、「ゼノンのパラドックス」と呼ばれる古代ギリシアに由来するパラドックスに登場する亀とアキレスである。このパラドックスがどういうものであるかは、知っているひとも多いだろうが、念のために述べておこう。超仕事という発想のもとも、ここにある。

アキレスは足の速いことで知られる英雄で、亀はのろいものの代表である。この二人(?)が競争することになった。ただし、ただ競争するのでは勝敗は明らかだから、アキレスにハンディを与えるために、亀のスタート地点を、アキレスのそれよりも前とし、二人は同時にスタートするものとする。だれもが、アキレスが亀を追い抜くのは、あっという間だと考えるだろう。しかしながら、ゼノンは、アキレスが亀を追い抜くことはおろか、亀に追い着くことさえできないと論じる。なぜならば、アキレスが亀のスタート地点Aに着いたときには、亀はそれよりも先の地点A′にいるだろうし、つぎにアキレスがA′に着いたときには、亀はそれよりもわずかに先の地点A″にいるだろう。つまり、亀はどんなにわずかであっても常にアキレスより先にいる。したがって、アキレスは決して亀に追い着けない。

このように、古代ギリシアのパラドックスは、物理的運動の不可能性を証明するものであるが、キャロルの議論は、いわば論理的運動(移行)の不可能性を証明するものである。

キャロルの対話篇のなかで亀が用いている例は、ユークリッドの『原論』の最初に出て来る論証だが、ここでは、後の都合も考えて、つぎが、亀の例だとしよう。これは、(A)と(B)から、(Z)と結論するものである。

(A) アキレスが亀を追い越したならば、運動の可能性は証明された。

(B) アキレスが亀を追い越した。

(Z) 運動の可能性は証明された。

亀はアキレスに、この三つの命題をノートに書き出してもらうように頼み、それについてまず、(A)と(B)を受け入れても、

(C) AとBが真であるならば、Zも真である

を受け入れないひとには、(Z)を受け入れるべき論理的必然性はないと言う。どうすればそうしたひとを説得して(Z)を受け入れるようにできるかと問われて、アキレスは、(C)を前提に加えればよいと言う。それに対して亀は、つぎの(D)を認めなければ、その

ひとは(Z)を受け入れないのではないかと言う。

(D)　AとBとCが真であるならば、Zも真である。

この段階で、アキレスのノートに書かれているのは、(A)、(B)、(C)、(D)という四つの前提と結論(Z)からなる論証である。だが、亀にとっては、これでも十分でないことは明らかである。四つの前提を受け入れても、相手が

(E)　AとBとCとDが真であるならば、Zも真である

を受け入れないということがありうると亀は考えるからである。つまり、亀の論法をアキレスが認める限り、ゼノンのパラドックスでアキレスが決して亀に追い着けなかったように、アキレスは決して結論(Z)に行き着くことができないのである。

何が推論を正当化するのか

ルイス・キャロルが、自身の作ったこの寓話から何の教訓も引き出していないのとは対照的に、この百年以上のあいだに、じつにさまざまな教訓がここから引き出されてきた。しばしば耳にするのは、この寓話は、論理的原理と推論規則の混同を戒めるものだということである。さらに、こうした混同の根底には、何かを主張することと、何らかの前提からある結論を推論することのちがいに盲目であることがあると言われる。

主張された命題を別の命題によって正当化するということは、ごくふつうに見られることである。たとえば、「電車が遅れている」という主張を正当化するのに、「さっきアナウンスがあった」と言うのは、そうした例である。あるいは、あるクラスの生徒のひとりについて「この生徒はインフルエンザの予防接種を受けている」と言ったのを、「生徒はみんなインフルエンザの予防接種を受けている」という命題で正当化する場合がそうである。

後者では、正当化する理由として挙げられた命題と、もともと主張された命題とのあいだには、後者が前者から演繹的推論

前提　生徒はみんなインフルエンザの予防接種を受けている　(11)
結論　この生徒もインフルエンザの予防接種を受けている　(12)

によって得られるという関係がある。

命題の主張を正当化するのに、推論が使われるとしても、命題から命題を推論することは、命題を主張することとは根本的に別の種類のことである。したがって、推論の正当化は、主張の正当化とは根本的に異なる仕方でなされなければならない。

前提(11)から結論(12)に移行する推論が正しいかどうかは、先にも述べたように、それが何か妥当な推論のパターンに合致しているかどうかによる。この例では、これが妥当な推論パターン

Fはみんなでである
したがって、このFもGである

に合致しているから、正しいということになる。このパターンは、すでに出てきたこ

とを思い出す読者もいるだろう。これは、「全称例化」と呼ばれるパターンのひとつである。このように、妥当なパターンを図式で示したものを「推論規則」と呼ぶ。

こうして、ルイス・キャロルの寓話の教訓とは、推論を正当化するものは推論規則であって命題ではないと言われる。アキレスは、(A)と(B)から(Z)への推論の正当化に必要なのが(C)のような命題だと亀に思わされて、推論を正当化する命題を探す羽目になった。だが、この推論を正当化するものは、それが、ある妥当なパターン、つまり、推論規則に従っているということ以外のことではない。よって、もしアキレスが、(C)によってではなく、(A)と(B)から(Z)への推論は、モードゥス・ポネンス

PならばQ

P

したがって、Q

という推論規則に従っているということで正しいのだと答えていたならば、無限背進に陥ることはなかっただろうということになる。

「さらに亀がアキレスに言ったこと」

　だが、われわれが出会った議論は、キャロルのパズルへの、こうした標準的な返答が不十分であることを示しているようにみえる。なぜならば、推論を正当化するのは、(C)のような条件命題ではなく、モードゥス・ポネンスのような推論規則だということをアキレスが発見したとしても、亀はそれに対して、こんな具合に話を続けることができるように思われるからである。

亀　よろしい。そうした推論規則があてはまるから、(A)と(B)から(Z)と結論できるときみは言うのだね。

アキレス　その通りだ。

亀　しかし、本当にそうだろうか。そう言えるためには、まず、その規則が妥当なものであって、しかも、問題になっている推論にその規則があてはまるかどうかをたしかめる必要があると思うが、どうだろう。

アキレス　それはそうだ。

亀　この推論規則、モードゥス・ポネンスにあてはまる推論は、妥当な推論だから、この規則が妥当だということは認めてもよい。しかし、(A)、(B)、(Z)に、この規則があてはまるということは、どうやってたしかめられるのだろう。

アキレス　簡単だ。「アキレスが亀を追い越した」をP、「運動の可能性は証明された」をQとすれば、(A)は「PならばQ」という形の文で、(B)はPだから、モードゥス・ポネンスの規則に従って、Q、すなわち、(Z)と結論できる。

亀　いまきみが述べたのは、(A)、(B)、(Z)はモードゥス・ポネンスの規則があてはまる形をしているということだが、それから、(A)と(B)から(Z)と結論してよいと言うためには、つぎのような推論が必要になると思うのだが、賛成してもらえるだろうか。

(F)　A、B、Zが、モードゥス・ポネンスの規則があてはまる形をしているならば、AとBからZと結論してよい。

(G)　A、B、Zは、モードゥス・ポネンスの規則があてはまる形をしている。

(H)　したがって、AとBからZと結論してよい。

アキレス　それはそうだが。

亀　ここでは(F)と(G)という二つの前提から(H)という結論に移行しているわけだが、この移行はどうやって正当化されるのだろう。

アキレス　あまり認めたくないが、仕方ないだろう。やはりモードゥス・ポネンスの規則によってだ。

亀　だが、それならば、ここでモードゥス・ポネンスの規則が適用できるということを確認しなければならないだろう。そうすると、今度は、こうした推論が必要になると思うのだが、どうだい。

(I)　F、G、Hが、モードゥス・ポネンスの規則があてはまる形をしているならば、FとGからHと結論してよい。

(J)　……

……

(A)と(B)からモードゥス・ポネンスの規則によって(Z)と結論することは、(F)と(G)から(H)を引き出す推論によってしか正当化できず、この推論自体がモードゥス・ポネンスの規則に基づいているのだから、それを正当化するためにはまた別の推論が必要となり、それもまた……という具合に続くのだから、アキレスは依然として望む結論には行き着けないということになる。

推論が常に別の推論を必要とするのではおかしい

しかし、亀がどう言おうと、われわれは、ごく単純な推論をする際にも無限に多くの推論を行っているのではないから、こうした帰結に導く議論のどこかに誤りがあるはずである。したがって、突き止めるべき事柄は、つぎの二つということになる。第一に、この議論はどこで誤ったのか、そして、第二に、その誤りは、規則に従うことを話し手の意図によって説明しようとすることが、必ず犯さざるをえない誤りなのか、ということである。

一方で、

(I)　推論もまた規則に従う活動である

ということを否定することはむずかしい。推論こそ、規則に従う活動の典型と思われるからである。他方で、

(II) 規則に従うためには必ず推論が必要である

ということも、これまで挙げた例をみる限り、正しそうにみえる。しかしながら、この二つを認めるならば、

(III) 推論を行うことは常に別の推論を含む

ということを受け入れざるをえなくなる。

無限背進は、演繹的推論を行う段階によって初めて生じる。したがって、(II)が正しく、規則に従うこと全般が推論を行うことを必要とするのならば、この問題は、規則一般についての問題であるが、もし仮に(II)が誤りで、規則に従うことのなかには推論を必要としないものがあったとしても、演繹的推論については、(III)が正しいとされる限り、無限背進が生じ、それゆえ、演繹的推論は不可能となる。よって、われわれが

受け入れるべきなのは、(III)ではなくて、その否定

(IV) 別の推論を含まないような推論が存在する

だろう。これより、(I)が否定できないのであれば、(II)が否定されることになる。

さて、そうすると、問題は、規則に従うことを話し手の意図によって説明すること が、必ず(II)という帰結をもつかどうかである。もしもそうであるのならば、話し手の 意図によって規則の存在が示されるという解決法に望みはないことになる。

(II)がなぜ正しいと思われたかを、もう一度考え直してみよう。それはたぶん、つぎ のような考慮によるものだと思われる。

規則に従うには、規則を参照しなければならない。たとえば、信号についての決ま りを守ろうとするためには、「信号が赤のときには止まらなくてはならない」といっ た決まりを参照したうえで、それと現在の状況とを考え合わせて、どうすべきかを決 めなくてはならない(「規則に従う」と言うが、規則を破るという仕方で、規則に従わない 場合も、規則の参照は同様に必要であることを付け加えておこう)。なすべき行為を決め る過程で推論は不可欠である。規則は一般的なものであるから、それを個別の場合に

適用し、さらに、その場合に規則が要求することを引き出さなければならないから、推論は二重に必要である。

しかし、実際にわれわれが(A)と(B)から(Z)と結論するとき、論理学の教科書に出て来るような形のモードゥス・ポネンスの規則を参照したりはしない（それを言えば、実際の推論が、(A)と(B)という前提を最初に掲げて、「だから、(Z)」という形で行われることも、まずふつうはない。いまの場合であれば、たぶん、「(A)アキレスが亀を追い越したならば、運動の可能性は証明された」は、了解ずみの事柄として、「(Z)運動の可能性は証明された、なぜなら、(B)アキレスが亀を追い越したから」といった形でなされることの方がふつうだろう。しかし、いま、こうした点は問わないことにしよう）。その証拠に、論理学など習ったことがなく、モードゥス・ポネンスなど、まったく聞いたことのないひとでも、(A)と(B)から(Z)と結論できる。そうしたひとに、なぜ(Z)が正しいと思うのかと尋ねてみるとよい。「(A)と(B)の両方が正しいから」と答えるはずである（あるいは、もっとふつうには「(B)が正しいから」と答えるだろうが、この点は問わないことにしたばかりである）。そのひとが知りもしない推論規則の出る幕はない。

だが、これをもって、実際の推論の際に規則への参照はなされないと結論するのは、早まっている。なぜならば、推論が規則に従う活動であると言うときの「規則」は本来、モードゥス・ポネンスや全称例化の規則のようなものを指すのではないからである。それは、先にも述べたように「前提がすべて正しければ結論も正しくなるような推論、つまり、妥当な推論だけを行え」といった、ごく一般的なものにすぎない。どのようなパターンをもつ推論が妥当であるかを探求し、そうしたパターンのカタログを作ったのが、論理学である。そこに現れるような「推論規則」なるものは、単純なパターンの組み合わせと繰り返しによって、妥当なパターンの全体を捉えるために考え出されたものである。そうした規則が、現実の推論で用いられていると考える必要はない。それなのに、推論をする際に守らなければならない規則ということで、モードゥス・ポネンスの規則のようなものしか思い浮かべないのは、ウィトゲンシュタインの言葉「『数学的論理学』は、数学者と哲学者の思考をすっかり歪めてしまった」(『数学の基礎について』第三版、V―48)を裏書きするものだろう(ついでに言えば、意外であると思うかどうかはともかく、クリプキも、このウィトゲンシュタインの言葉に賛成だという)。

では、推論は必ず、このように一般的な規則、すなわち、「妥当な推論だけを行え」といった規則への参照を含むと言えるだろうか。答えは否定的だと思われる。たぶん圧倒的に多くのひとは、「妥当な推論」という言葉が指しているような概念をもっていない。さらに、ひとはしばしば、ある主張から別の主張に移行するときに、自分が推論をしていることにさえ気付いていない。なぜそのように移ることができるのかと聞かれても、たぶん答えることはできないだろう。それでも、そうしたひとが推論していないとは言えない。論理学などいっさい習ったことがなく、「推論」という言葉さえ聞いたことのないひとでも、きわめて巧みな推論を行うということは珍しいことではない。

こうしたひとは、モードゥス・ポネンスのような「推論規則」はもちろんのこと、一般的な規則も含めて、どんな規則も参照することなしに、推論を行っていると認めるべきである。

規則を参照しないのに規則に従っているとどうして言えるのか

つまり、推論を行うためには、規則が参照される必要があるということは、正しくない。したがって、推論が必ず別の推論を必要とするという議論も成り立たない。それゆえ無限背進が生じるおそれはないということになる。では、これで問題は解決しただろうか。

問題が解決するということは、哲学において、ないというわけではない。しかしながら、そうした場合はまれだと思った方がよい。ここでも、そうである。まだ、少なくともひとつ解決されるべき問題が残っている。

それは、規則への参照がなされないのに、規則に従うということがどうして可能かという問題である。推論に関して、この問いを言い直せば、それは、実際になされている推論の多くが、規則への参照を含まないとしたら、そうした推論が、規則に基づいていると言えるのはなぜか、それが、妥当であるかどうかに照らして評価されるのはなぜか、ということになる。

いま、数学者である父親が論理学を毛嫌いしていたために、論理学と少しでも関係のありそうな事柄といっさい交渉をもたないで大きくなった、天才的な数学者を考えよう。彼女は、「推論規則」のようなものがあることをまったく知らないし、「妥当」という言葉も、それが表す概念も知らない。彼女が生み出す証明は、概して完璧なものであるが、ごくたまに、すぐに訂正できるような些細な誤りが含まれていることもある。そうした誤りは、彼女本人が気付いて直される場合も、また、他人に指摘されて直される場合もある。

さて、問題は、彼女が規則に従う活動としての推論を行っていると考える理由は何かということである。彼女は、推論という活動が従うべき規則といったものをひとつとして知らないのだから、意図説が考えるように、本人の証言を決定的証拠とみなすことはできない。他方、彼女はそうした推論を行う傾向性をもっているだけだと言うならば、間違いに気付いたときにはそれを訂正するということが説明されない。それも彼女の傾向性だと言うのならば、間違いに気付いたと思って訂正した後で、それが間違いでなかったことに気付いて、もとにもどすといった場合を説明するのに、さらに高次の傾向性を持ち出さなくてはならないことになるが、その傾向性が誤った結果を生み出さないという保証はない。もとにもどしたことが結局は誤りであるとわかって、改めて訂正するといった場合である。よって、無限に複雑な傾向性を彼女に帰するのでなければ、傾向性による説明は完結しない。

そうすると、「懐疑的解決」が有望のように思えてくる。つまり、彼女が、推論の規則に従う活動を行っていると考えることができるのは、彼女が属する社会において、推論の規則に従う活動が広くなされているからだというのが、いちばんもっともらしい説明のように思われてくる。

しかし、意図説に望みが絶えたわけでは決してないと私は思う。論理学的知識といっさい関係なしに育った天才数学者は、たしかに、推論という活動が従うべき規則を、命題や図式で表現される形では知っていない。しかしながら、彼女が、複雑な証明を難なくこなすことができ、たまに犯す誤りも自分で訂正できるということは、彼女にある種の知識を帰属させるのに十分である。それは、「技能知」という名称で知られている種類の知識である。技能知の典型として挙げられるのは、車を運転できるとか、料理ができるとか、釣りができるといったことを可能とする種類の知識である。

推論ができるということは、ある技能知をもっていることである

技能知には、三つの特徴がある。第一に、技能知をもっていることは、何らかの傾向性をもつことと同じではない。技能知は、正しい仕方でも、また間違った仕方でも用いられるという点で、規範性をもっている。第二に、特定の技能知をもっているひとは、自身がそれをもっていることを知っている。「私はこれまで料理をしたことがないが、料理をする技能知をもっているかもしれないから、試しに料理をしてみよう」という具合に考えるひとはいない。第三に、技能知をもっているひとは、その技能知を将来も用いようと意図することができる。車の運転をまだやめるつもりはないと思っているひとは、そういうひとである。

推論を可能にする技能知を、天才数学者の彼女がもっていると考えれば、彼女が、推論の規則をそれとは知らないにもかかわらず、推論の規則に従う活動を行っていると考えることができる。彼女がこれまでと同様に証明を行う意図をもっているならば、彼女は自身の所有している推論能力という技能知を今後も用いるという意図ももっているはずであり、その意図は彼女自身も知っているから、彼女は自分が推論の規則に従うということを、そのような言い方のもとではないが、知っているはずである。

さらに、この技能知がどのようなものであるかについては、まったく見当がつかないというわけではない。ひとはどのようにして推論することを学ぶのだろうか。それは、一連の主張から別の主張への移行を、あるパターンのもとで見ることを学ぶことによってではないだろうか。ひとが言葉を覚えるときにも、同様の過程があるだろう。音や単語を聞き分けるということは、個別の音や音の連なりを、他の音や音の連なりにも共通する、一般的なパターンのもとに聞くことである。個別のものにおいて一般的なものを認知し、さらに、個別のものを一般的なものとして扱うということは、言語的能力一般に見られる。たとえば、スクリーン上のある模様に「東京」という二文字を認めるとき、ひとは、特定のとき特定の場所に生じていることを、「東京」という繰り返し現れることのできる地名の特定の現れとして認めるだけでなく、その特定の現れを、繰り返し現れることのできる地名と同じものとして扱っている。つまり、その地名が具体的にどのような物理的出来事によって実現されているかに注意を払うことはふつうしない。スクリーンにひとが見るものは、ただの模様ではなく、他のときに他の形で現れることのできる「東京」という、日本語の地名なのである。

推論の能力は、言語能力とは異なるものとみなされるべきだろうが、それと多くの共通点をもっている。言語能力の記述を理論として与えるという企てに意味があるように、推論能力の記述を理論として与えることにも意味があるだろう。よって、推論を可能にする技能知の探究が、こうした形を取ることは自然だと思われる。

こうして、規則がわかっていても、それを実際に用いることは不可能だという、もうひとつの規則のパラドックスに、意図説の枠組みのなかで答えることは可能であると思われる。しかしながら、ここに述べたのは、ごく大雑把なアイデアにすぎない。こうしたアイデアを満足の行く形にまで仕上げるためには、自身の意図についての知識がいかにして可能かという問いだけでなく、技能知とは何か、自身の技能知についての知識がいかにして可能かという問いに答えなくてはならない。そして、もちろん、推論を可能とする技能知というものが詳細に規定されなければならない。

命題の形で表現される知識としての命題知と、そのようには表現できない知識としての技能知という区別と類似した区別は、古代ギリシア以来あるが、これを現代の哲学に復活させたのは、イギリスの哲学者ギルバート・ライルである。かれもまた、ウィトゲンシュタインから大きな影響を受けた哲学者であることは偶然ではない。この区別が広く哲学のなかで用いられるようになるきっかけを作ったのは、かれの『心の概念』(一九四九年)であり、その後、半世紀以上にわたって、それは現代の認識論学者にとっての標準的道具のひとつであった。ところが、ごく最近になって、こうした区別に根拠はなく、技能知は命題知の一種にすぎないという議論が提出され、技能知の概念を改めて検討する必要が出ている。これは、技能知という概念を自明のものとして扱うことはできないということである。

結局われわれは、ひとはどうして自分の心を知りうるのかという問いに加えて、知識の根底には何があるのかというもうひとつの問いも抱え込むことになったわけである。このどちらの問いも、それ自体で追求されるべき重要な問いであることを考えれば、これは悲しむべきことではない。

第六章 論理と規則

『哲学探究』のセミナーをクリプキはルイス・キャロルのパズルで始めたという

『ウィトゲンシュタインのパラドックス』のもととなった講演がなされた一九七六年の二年前の一九七四年に、クリプキはプリンストン大学で、ウィトゲンシュタインの『哲学探究』について論じるはずのセミナーを開いたが、その最初でかれは、ルイス・キャロルのパラドックスに触れて、それが提起する問題が、ウィトゲンシュタインによる、規則に従うことと数学的証明の分析、さらには、私的言語の不可能性の主張と密接に関連すると述べたという。このセミナーは、結局のところ、論理の本性についての議論に終始して、『哲学探究』を論じるところまで行かなかったそうである。『ウィトゲンシュタインのパラドックス』にルイス・キャロルの名前は一度も出て来ない。しかし、この挿話は、規則に従うことについてのクリプキの議論には、この本からだけではわからない、より広い背景があることを示唆している。また、前章で取り上げた問題、つまり、規則の第二のパラドックスに、クリプキがすでに気付いていたのではないかという推測にも、一定の根拠を与える。

プリンストンでのこのセミナーの記録を参照している数人の著者によると、クリプキがとくに重要だとみなしたのは、クワインが、キャロルのパラドックスを、論理的真理についての規約主義という立場を批判するために用いた論法である。

規約主義とは、論理的真理はわれわれのあいだの言語的取り決めに由来するとする考え方である。たとえば、「排中律」と呼ばれる論理的真理は、どの命題Aについても、「AもしくはAでない」が成り立つと主張するものであるが、規約主義は、その正しさを、われわれが「もしくは」と「ない」をそのように使うと取り決めたからだと説明する。きわめて示唆的にも、この考え方は、論理的真理の「言語規則説」とも呼ばれる。実際、規約とは、人々のあいだで取り決められた規則のことにほかならない。

論理的真理が何に由来すると考えるかについては、伝統的に、たがいに対立する二つの立場があった。一方には、論理を、思考の法則、つまり、われわれの思考活動において成り立つ法則とみなす立場があり、他方には、論理を、時空を超えて存在する抽象的対象のあいだに成り立つ法則とみなす立場がある。前者は「心理主義」と呼ばれ、後者は「プラトニズム」と呼ばれる。このどちらの立場にも難点がある。前者を取るならば、論理は、われわれの思考方法によって制約された主観的にすぎないものとなり、後者を取るならば、論理的真理とは、われわれとはかけ離れた世界における真理ということになってしまい、そうした真理をわれわれが知ることができるのはなぜかが不可解になる。

論理的真理の源泉をわれわれの言語活動に求める規約主義は、このどちらの立場とも違う。現実にどのような思考がなされるのかは、人によって千差万別であるのに対して、言語は人々のあいだで共通であるゆえに、それは、心理主義の弊害から免れている。他方、言語は、われわれによって作られ維持されるものであるから、プラトニズムのような問題は生じない。規約主義が魅力的に映ったことに不思議はない。

一九三六年に発表された論文のなかで、クワインは、規約主義を批判して、つぎのように論じた。かれはまず、論理的真理を生み出すとされる言語的取り決めが、「どの命題Aについても」という表現に明らかであるように一般的なものであることを指摘する。つぎにかれが指摘することは、この取り決めがそれだけでは、たとえば、「アキレスが亀を追い越した、もしくは、アキレスが亀を追い越したのではない」が論理的に正しいことを説明できず、一般的取り決めの正しさからその個別的事例の正しさを導くという論理的推論を必要とすることである。

読者もおそらく気付かれたように、これは、規則は一般的なものであるから、それを実際の場面に適用するときには、全称例化を用いた推論が必要になるという、先に出てきた指摘そのものである。

クワインは、つぎに、こうした全称例化による推論が論理的に正しいことは、何によって説明されるのかと問う。論理的正しさの源泉がすべて規約に由来すると考えるのならば、その正しさは、

(*) 全称例化のパターンを備えた推論は、どれも正しい

といった一般的規約に基づくと考えることになろう。あるいは、これが言語的規約であることを強調したければ、それは、「どの」とか「みんな」といった言葉の使い方についての規約に基づくとしてもよい。しかし、「アキレスが亀を追い越した、もしくは、アキレスが亀を追い越したのではない」という命題についての先の推論の正しさを、この規約によって説明するためには、またふたたび全称例化を用いた推論を行わなくてはならない。なぜならば、(*)は、一般的規約であるから、これを個別の推論に適用するには、推論が必要になるからである。ここから、われわれがすでに出会ったような無限背進が生じることは明らかである。

クワインの簡潔な言葉が、規約主義の本質的な問題点を衝いている。すなわち、「規約から論理を引き出すのには、論理が必要」なのである。論理のすべてを規約か

ら引き出すことは、もともとできない相談なのである。

クリプキはクワインが一貫していないと批判する

クワインのこうした議論をクリプキは高く評価する。ただし問題であるとかれに思われるのは、後年のクワイン、とりわけ「経験主義のふたつのドグマ」（一九五一年）以降のクワインが、その重要性を十分に認識していないということである。その理由を見るには、「亀がアキレスに言ったこと」の教訓をクリプキがどのように理解しているかを知る必要がある。ただし、クリプキ自身の議論は公刊されていないので、以下の記述は、クリプキに近いところにいて、未刊のセミナーの記録や講義録を援用しながら、クリプキの議論を紹介している数人の著者の叙述に基づくものである。したがって、ところによっては、コンテキストを取り違えた思わぬ誤解があるかもしれないことを断っておく。

二十世紀後半の英語圏を中心とする哲学において「経験主義のふたつのドグマ」ほど大きな影響力を振るった論文は他にない。そのなかでももっとも有名で、繰り返し引用されてきた部分には、こうある。

［われわれのもつ信念の全体から成る（引用者補足）］体系のどこか別のところで思い切った調整さえ行うならば、何が起ころうとも、どのような言明に関しても、それが真であるとみなし続けることができる。周縁部にきわめて近い言明でさえ、それにしつこく反するような経験に直面したとしても、幻覚を申し立てるとか、論理法則と呼ばれる種類の言明を改めることによって、相変わらず真であるとみなし続けることができる。逆に、まったく同じ理由から、どのような言明も改訂に対して免疫をもっているわけではない。排中律のような論理法則の改訂さえ、量子力学を単純化する一手段として提案されている。そして、こうした転換と、ケプラーがプトレマイオスに取って代わった転換、あるいは、アインシュタインがニュートンに、ダーウィンがアリストテレスに、といった転換とのあいだに、原理的などういう違いがあると言うのだろう。

（クワイン『論理的観点から』飯田隆訳、一九九二年、勁草書房、六四頁）

ここでクワインの批判の対象となっている「ドグマ」は、「分析的真理」と呼ばれる、意味に基づく真理と、「総合的真理」と呼ばれる、事実に基づく真理とのあいだに、明確な区別が存在するという主張である。ここで引用した部分で、この区別に根拠がないことをクワインは論じているが、その理由は、どんな命題(「命題」という言葉を嫌うクワインは「言明」と言い換えている)についても、体系全体での調整さえ行えば、それを真だと主張することも、偽だと主張することもできるという点に求められている。

クワインの論文以前において、科学における経験的探究を重視する経験主義の伝統を汲む哲学のなかにおいてさえ、経験的探究の結果がどうなろうとも成り立つア・プリオリな真理が存在し、そうした真理の探究こそが哲学であると、考えられていた。クワインはこの論文で、その考えをひっくり返し、原理的に経験的探究の結果に左右されない言明はないのだから、哲学と科学の営みとは連続していて、哲学は何ら特権的な地位をもたないと論じた。この議論は、その後の分析的伝統に属する哲学の展開を大きく決定づけ、その影響は現在に至るまで圧倒的なものであると言ってもよい。

ここに引用した箇所からも明らかであるように、この見方のもとでは、論理法則を表す言明もまた、体系のなかの一言明として、何らかの理由があれば、それを採用することも拒否することも自由だということになる。

これに対するクリプキの批判の第一は、体系全体の改訂を行う際には、可能な改訂案の相互比較が必要になるが、それは改訂を行った場合にどのような帰結が生じるかを見なければならず、そのためには論理が必要だというものである。これが批判になるのは、論理そのものがいくらでも変更できるのならば、体系全体をどのように改訂するのがよいかを評価するための基準そのものも変更できることになってしまうからである。批判の第二は、そもそも「論理法則を採用する」という考え方は意味をなさないというものである。前者は、他の哲学者によっても出されてきた論点だが、後者については、少なくとも私には初めての、クリプキ独自の論点である。しかも、クリプキは、この論点が、クワインが規約主義を批判するために用いた、ルイス・キャロルのパズルから学ぶことのできる教訓にほかならないと言う。

全称例化をしたことのないひとに、そうするように教えることはできるか

クリプキが例にとるのは、全称例化、つまり、「FはみんなGである」から、「このFもGである」が導かれるという論理法則である。

もしもクワインのような見方を取って、全称例化を採用することも拒否することも可能だと考えるのならば、全称例化を採用していない人物を考えることができるはず

である。

田中さんが、そうした人物だとしよう。田中さんは、全称例化という形の推論をこれまでいっさいしたことがない。田中さんはとても素直なひとなので、「どのカラスも黒い」と教えてあげると、それをそのまま信じてくれる。いま、田中さんには見えないところにカラスが一羽いる。田中さんはとても素直なひとであるけれども、先に述べたように、全称例化ということをこれまで一度もしていないし、教わってもいないので、「カラスはみんな黒い」と信じるならば、「そのカラスも黒い」と信じなければならないとは考えない。クリプキによれば、この続きはこうなる（一九七四年にピッツバーグ大学で行われた「論理は経験的か？」という講演に、こうしたやり取りがあると言うが、以下のようにアレンジしたのは私の責任である）。

私　わからないんだね。じゃ教えてあげよう。どの一般命題からも、その個別例が出て来るんだよ。

田中さん　そうなのか、きみの言うことを信じるよ。

私　ほら、「カラスはみんな黒い」は一般命題で、「そのカラスも黒い」はその個別例だ。

田中さん　たしかにそうだ。

私　どの一般命題からも、その個別例が出て来る。だから、「カラスはみんな黒い」という、この特定の一般命題から、「そのカラスも黒い」という、この特定の個別例が出て来る。

田中さん　うむ、そうだろうか、なぜ「だから」と言えるのか、まだ納得できないな。

「どの一般命題からも、その個別例が出て来る」と教えられても、これ自体が一般命題である以上、それを「カラスはみんな黒い」や「そのカラスも黒い」といった具体例に適用するためには、まさに全称例化という形の推論を行わなければならないが、それができない田中さんには、そうすることができない。よって、これまで全称例化を用いていなかった田中さんが、ひとに教えられて全称例化を新たに採用するということは不可能である。

前章でも述べたように、推論が理解できるためには、命題から命題への移行が与えられたとき、それを一般的なパターンのもとに見ることができなくてはならない。また、自分で推論ができるためには、前提として与えられた命題を、ある一般的なパターンの一部として見るとともに、そのパターンの残りの部分にあてはまる命題を、推論の結論として見つけることが必要である。個別の言語的事象を一般的パターンのもとに見るということは、どうやって教えられるだろうか。言葉をいくら費やしてもうまく行かないかもしれないということは、いまの田中さんの例が示している。結局、推論ができるということは、技能知を身につけていることであり、技能知の多くが命題を教え込むことによっては教えられないのと同様、推論もまた、明示的な仕方で教えられるような技術ではないのである。

論理は取り換えたり新しく採用したりできるか

クワインが「論理法則の改訂」について語る前から、また、それ以後も、さまざまな理由から、自分たちがこれまで用いてきた論理を改訂して、新しい論理法則を採用することが提案されてきた。量子力学の解釈にまつわる困難を解決するための量子論理、うそつきのパラドックスの解決としての矛盾論理、日常言語に溢れている曖昧な表現を扱うためのファジー論理など、そうした提案は枚挙にいとまがない。クリプキは、論理のどのような改訂も不可能だと主張しているのではないから、そうした論理のすべてが無意味だというわけではないだろう。

ここで紹介したような議論がもっとも説得的にはたらくのは、全称例化とモードゥス・ポネンスの場合である。クワイン自身、「経験主義のふたつのドグマ」での言い方は極端に過ぎると認めていた。かれの主著『ことばと対象』(一九六〇年)では、どんな論理法則も原理的には拒否したり改訂したりできるということはもはや認められていない。全称例化やモードゥス・ポネンスのような基本的な論理法則を拒否することはできないとクワインも考えていたと思われる。

クリプキが論じたように、「カラスはみんな黒い」から「そのカラスも黒い」を導くような簡単な推論ができないひとには、全称例化のような一般的規則を示したとしても、何の役にも立たない。なぜならば、一般的規則を個別の例に適用するためには、実際に全称例化を使わなければならないからである。全称例化をこれまで用いていなかった田中さんに、全称例化を採用するようにすすめることが不毛であるゆえんである。だが、他方で、もしも田中さんが、全称例化の形をもつ推論をこれまでしているのであれば、一般的規則を示すことは必要ない。いずれにせよ、基本的な推論については、明示的に述べられた推論規則は何の役にも立たないということになる。

論理のどの部分が、拒否することも改訂することもできないほど基本的なものであるかは、探究に値する問いとして残る。しかし、その問いを離れても、クリプキの議論は、「新しい論理」の提案が本当に意味あるものであるかについて、ひとはずっと慎重になるべきだということを教えてくれる。論理の改訂や採用をめぐる哲学的議論には、「論理の形式化」の悪しき影響がもっとも顕著に見られるとクリプキは言う。論理的公理や推論規則を形式的に規定さえすれば、論理が定義できると考えるのが間違いであることは、規則の明示的表現が何の役にも立たなかった田中さんのような例から明らかである。また、そもそも論理の形式的体系をセットアップするためだけにも論理が必要だということを忘れてはならない。そこで、全称例化やモードゥス・ポネンスといった推論が必要となることは明白だろう。それはちょうど、言語についての理論であっても、何らかの言語で表現される必要があるのと同じである。

論理学や数学でのテクニカルな概念や結果を持ち出して何かを主張するという癖をもっている哲学者というのはいるし、なかには、それがその特徴となっているような哲学の学派といったものさえある。ウィトゲンシュタインは、哲学のなかのこうした傾向をだれよりも激しく嫌悪していた。この点でクリプキはウィトゲンシュタインとよく似ている。

哲学においてテクニカルな概念や結果に訴えることが危険であるのは、そうすることが、議論の相手だけでなく、そうしている本人をも思考停止に陥らせることになりがちだからである。「テクニカルな概念」ということでここで意味しているのは、日常流通している概念ではなく、そうした概念と関係があるとしても、ある特定の目的のために改めて定義し直されたり理論のなかで規定された概念のことである。十九世紀の後半にフレーゲが、数の概念を論理的概念によって定義し、数を扱う数学の部分が論理学に還元できることを示そうとしたとき以来、テクニカルな概念を用いる探究は哲学のなかでも重要な役割を果たすようになった。しかしながら、そうした概念や、それを用いて得られた結果をただ耳にするだけでは、そうした概念がなぜ導入される必要があったのか、それがその一部であるような理論のなかでどのような役割を果たすのかといった事柄を把握することはできない。テクニカルな概念のもつ背景の全体を常に視野のなかに入れて見失わないでいることは、そうした概念を実際に用いて探究を行っているひとにとってさえ、むずかしいことである。ウィトゲンシュタインが、哲学のなかで使われている言葉をその故郷に戻さなくてはならないという趣旨のことを言った(『哲学探究』一一六節)とき、その故郷とは日常における使用のことであったが、テクニカルな概念を表す言葉の場合、その故郷はその概念がその一部である理論なのである。故郷を離れた言葉が誤解を生みだすということは、どちらの場合でも正しい。

論理についての哲学的考察は、論理学におけるテクニカルな研究とその成果を無視することはできない。しかしながら、そうした研究自体が、一定の哲学的考慮をその背景にもつ以上、テクニカルな研究それ自体が哲学的考察の代わりになるわけではない。テクニカルな概念や用語の使用は、しばしば、そのことを忘れさせるのである。

ルイス・キャロルのパズルはクリプキのウィトゲンシュタイン解釈とどう関係しているのだろうか

ところで、論理の本性をめぐるクリプキの議論は、かれのウィトゲンシュタイン解釈と、はたしてどう関係するのだろうか。もちろん、『哲学探究』についてのものとなるはずだったプリンストンのセミナーの記録が公刊されていないだけでなく、クリプキ自身もその関係を具体的に述べていない以上、ここで何かを言ったとしても、それはまったくの推測でしかない（ただし、クリプキは、ごく最近、セミナーや講演で、ルイス・キャロルのパラドックスとそれが提起する問題をふたたび取り上げているようであるから、そのうちにクリプキ自身の口から、その関連について聞くこともできるかもしれない）。

『ウィトゲンシュタインのパラドックス』で、クリプキがウィトゲンシュタインのものとして提示してみせた、規則のパラドックスとは、規則一般について、どんな振舞いも、規則と一致させることも、それと矛盾させることもできるというものだった。どんな規則についても、それが守られている場合と、それが守られていない場合との区別がないのだから、規則と考えられているものは、実際のところ、内容をもたないということになる。この結論に導くとされた懐疑的議論への返答のひとつは、規則の内容が、その規則を受け入れているひとの意図によって与えられるとするものである。これに対して提起されたのが、規則の第二のパラドックスである。それは、規則に従うことが規則の参照を含むのならば、規則に内容があったとしても、それを個別の場面に適用することは不可能になるということを主張するものであった。

第二のパラドックスについては、二つのことが指摘できる。第一に、推論が規則に従う活動であるゆえに、このパラドックスは、規則一般にも関係するが、困難が生じるのは、論理的推論の場面においてであるので、論理の本性にかかわる問題を提起する。第二に、このパラドックスは、懐疑的議論に対する特定の返答の困難として提出されたものであるが、規則に従うことが規則の参照を含むという考えは、規則に従うことについてのわれわれの直観的理解の一部をなしているゆえに、懐疑的議論とそれへの返答というコンテキストを離れても問題となる困難だと考えることができる。

この第二のパラドックスについての前章での検討は、規則の参照が規則に従うための条件であるという前提を拒否することに導いた。規則の参照を伴わなくとも規則に従うことはできるというのが、われわれが至った結論であった。それは、規則に従うことについてのわれわれの直観的理解のこの部分は、じつは間違いであるという帰結をもつ。その際に大きな役割を果たしたのは、ルイス・キャロルの寓話「亀がアキレスに言ったこと」であった。

クワインも、規約主義を批判する際に、この同じ寓話を用いている。クワインの論点は、論理的推論が常に規約の参照を必要とするのならば、論理の全体を規約に基づけることはできないという風に表現できる。クリプキがここから引き出した教訓は、もっとも基本的な推論においては明示的規則は何のはたらきもしないということのように思われる。それが、われわれが前章で至った結論、つまり、推論の根底にあるのは明示的規則ではなく技能知であるという結論とどれだけ一致するかは不明だが、それほどかけ離れてはいないようにみえる。つまり、論理の改訂と採用についてのクリプキの議論から、規則の第二のパラドックスへの返答を引き出すことは可能のように思われる。

『ウィトゲンシュタインのパラドックス』で取り上げられている規則のパラドックスだけでなく、この第二のパラドックスも、ウィトゲンシュタインの思考に痕跡を残していると論じることができる。何よりも第一に挙げられるべきなのは、『論理哲学論考』のつぎの章句である。

五・一三二　pがqから帰結するならば、qからpと推論できる、pをqから導くことができる。
推論の仕方は、この二つの命題だけから見て取れる。
この二つの命題だけで、この推論を正当化できる。
「推論規則」なるもの、すなわち、推論を正当化するものとフレーゲとラッセルが想定したものは、無意味であり、余計なものでしかない。

もっと後年のケンブリッジでの講義でも、ウィトゲンシュタインはつぎのように述べている。

(前略) 推論を正当化するためには推論のルールは何ら必要ではない。というのももし必要であったならば、そのルールを正当化するために別のルールが必要であったであろうし、それは無限後退に導くであろうからである。(『ウィトゲンシュタインの講義I──ケンブリッジ一九三〇─一九三二年』山田友幸・千葉恵訳、一九九六年、勁草書房、一〇七頁)

この箇所は、ウィトゲンシュタインがルイス・キャロルのパズルを知っていただろうという推測を裏付ける。そして、どちらの引用も、ウィトゲンシュタインがそれにどのように答えたかを教えてくれる。それは、前章でのわれわれの考察のそれとも、また、一九七六年のセミナーでのクリプキのそれとも同様の方向に向かっている。『ウィトゲンシュタインのパラドックス』も、また、『哲学探究』を扱うと予告されていながら論理の本質を論じることに終始したセミナーも、規則をめぐるウィトゲンシュタインの考察に触発されたものであることは明らかである。前者が、規則は内容をもちえないというパラドックスを取り上げているのに対して、後者が、規則を個別の事例に適用することは不可能であるとするパラドックスを取り上げている点で、両者は異なっている。この二種類の考察が、クリプキのなかでどのように関連しているのかは、興味の尽きないところだが、それについて何かを言えるほど資料が整っていないのが現状であろう。

それにしても、クリプキのウィトゲンシュタイン解釈について、改めておどろくことは、ともすれば、二十世紀後半の分析哲学の流れからは外れた存在と見られがちなウィトゲンシュタインの思考を、クワインの規約主義批判やグッドマンの帰納法についての議論といった、分析哲学の「正統的」議論と見事な仕方で関係付けていることである。哲学には多くの問題があるようにみえるが、じつのところは、すべての問題がすべての問題と関連しあっていて、たがいにまったく無関係であるような問題はないとは、よく言われることである。だが、そうした関連は常に自明なわけではなく、その発見のためには天才的な才能が必要な場合もある。われわれがクリプキに感謝しなければならない理由のひとつが、ここにある。

クリプキ小伝

二十世紀の哲学者のなかでウィトゲンシュタインほど生前からさまざまな逸話が流布していた哲学者は珍しいが、そのウィトゲンシュタインに唯一匹敵しうるのがクリプキである。

クリプキをまず有名にしたのは、様相論理と呼ばれる論理についての一連の研究であるが、その最初の論文は、かれがまだ十代のときに発表されたものである。様相論理とは、可能性や必然性といった概念にかかわる推論を扱う分野であるが、現代におけるその研究が始まった一九一〇年代以来四十年近く、研究のための標準的方法というものは確立していなかった。そうした状況は、一九五〇年代末から一九六〇年代初頭にかけて、何人かの論理学者の努力によって劇的な改善をみたが、そのなかでももっともめざましい結果を与えたのがクリプキであった。一九五九年末に刊行された『記号論理学雑誌』に載ったクリプキの論文の抄録を見て、論理学上の画期的な発見がなされたことを知った論理学者たちは、それをなしたのがどのような人物なのかを知りたがったが、それがまさかまだ十代の若者であるとは思いも寄らなかったという。

クリプキが、論理学者としてだけでなく、哲学者としても天才的であることは、一九七〇年にプリンストン大学でかれが行った講演「名指しと必然性」で余すところなく示された。原稿なしでなされた、この三回にわたる講演でクリプキは、人名や地名のような固有名の意味とは何かという一見きわめて些細で単純と思われる問題から出発して、言語表現の指示と意味、必然性とア・プリオリ性との関係、個体および種の本質、心脳同一説といった、多岐にわたる問題のすべてについて、革命的な結論を引き出した。たとえば、ア・ポステリオリで必然的な真理——経験的に知られる必然的真理——が存在するというのは、そうした結論のひとつであるが、これはクリプキ以前であればほとんど矛盾と聞こえた主張である。この講演は最初、一九七二年に刊行された多数の著者による論文から成る自然言語の意味論に関する論文集中で活字となり、その後、いくらかの増補が加えられて一九八〇年に単行本として出版された。『名指しと必然性』はそれ以後の言語哲学、存在論、心の哲学に大きな影響を与え、その主要な結論の多くは、現在のこの分野における常識にまでなっている。それに対して、長らく『名指しと必然性』以外のクリプキの唯一の著書であった『ウィトゲンシュタインのパラドックス』に関しては事情はいくらか異なる。これもまた、もとになっているのは、一九七六年の春にカナダのオンタリオ州ロンドンで行われた「ウィトゲンシュタイン会議」での講演であり、この会議からの論文集の一篇として一九八一年に、ついで翌一九八二年に単行本として出版された。この本は、一部の哲学者と「ウィトゲンシュタイン研究家」を除いては、それまで積極的な関心の対象となっていなかったウィトゲンシュタインの哲学を、哲学として再検討する機運を作り上げるのに大きく貢献したが、本書の第四章でも述べたように、大部分のウィトゲンシュタイン研究者からウィトゲンシュタイン解釈としては誤りであるという評価を受けた。また、懐疑論的議論に対してクリプキが提出する懐疑的解決についても、その妥当性を疑問視する哲学者は多く、論争はいまなお継続中である。

クリプキの仕事が大きな影響を与えたもうひとつの分野は、真理論である。現代の真理論は、うそつきのパラドックスに代表されるさまざまな「意味論的」と呼ばれるパラドックスへの対処のなかから生れてきたものであるが、そうしたパラドックスへの決定的解答は、一九三〇年代半ばにポーランドの論理学者タルスキによって与えられたと長らく信じられてきた。しかし、タルスキの理論を受け入れることの帰結のひとつは、論理学のために特別に作られた言語のような人工的言語でない限り、日本語や英語のような自然言語に関して真理の概念を適用することは厳密な意味ではできないということである。この帰結を受け入れがたいと考えるならば、タルスキの理論に代わる真理概念の理論が必要となる。一九六〇年代後半以降そうした試みはいくつか見られたが、そのなかでももっとも大きな影響力をふるったのはやはりクリプキのものである。一九七五年の『哲学雑誌』(アメリカ哲学会)に掲載された論文「真理論素描」がそれである。

ほかにも論理学ならびに哲学上のさまざまな仕事がある。いくつかは専門家のあいだでよく知られているものであるが、その多くは講演のテープやタイプ原稿の形でしか流布してこなかった。しかしながら、二〇〇七年にニューヨーク市立大学にソール・クリプキ・センターが創立されてから、こうした事情は急速に変わりつつある。このセンターのウェッブサイトによれば、それは現在「一九七〇年代にまで遡る講義とセミナーの録音と、一九五〇年代にまで遡る哲学上数学上の交換書簡を含む、クリプキの仕事を保存する電子アーカイブを作成している」という。その成果は、未刊であった論文を多く含む論文集『哲学的トラブル』(二〇一一年)と、一九七三年にオックスフォード大学で行われた講演『指示と存在』の四十年ぶりの公刊に現れている。二冊目の論文集の出版も待たれるところである。

クリプキは一九四〇年にニューヨーク州で生れた。きわめて早熟で、十歳までにシェイクスピアの全戯曲を読破し、十四歳までに幾何と微積分を独学でマスターした。高校生のときには、当時住んでいたネブラスカ州のオマハでは手に入らない『記号論理学雑誌』を読むために、百キロ近くも離れた州都リンカーンにあるネブラスカ大学の図書館まで通ったという。

アメリカの大学人としてはきわめてまれなことに、かれは博士号をもっていない。一九六二年にハーバード大学から得た数学の学士号をもっているだけである。以下、かれの公的経歴と発表された主要な著作とを年表風にまとめれば、つぎのようになる。

一九六三年　ハーバード大学のジュニア・フェロー兼講師となる。同年に発表された論文「様相論理の意味論的分析(一)」および「様相論理の意味論的考察」は、この分野の標準的方法を確立した論文として名高い。

一九六七年　ロックフェラー大学に移る。

一九七〇年　プリンストン大学での講演「名指しと必然性」。

一九七五年　「真理論素描」を『哲学雑誌』(アメリカ哲学会)に発表。

一九七六年　ロックフェラー大学哲学科の廃止に伴い、プリンストン大学に移る。同年春、カナダのオンタリオ州ロンドンでの「ウィトゲンシュタイン会議」で、講演「規則と私的言語についてのウィトゲンシュタインの説」を行う。

一九八〇年　『名指しと必然性』刊行。

一九八二年　『ウィトゲンシュタインのパラドックス』刊行。

一九九七年　プリンストン大学を引退。同大学名誉教授になる。

二〇〇一年　スウェーデン科学アカデミーから、論理学および哲学への貢献に対してショック賞を贈られる。スウェーデンの論理学者ロルフ・ショックの名に因むこの賞の過去の受賞者は、一九九三年度のクワインから始まり、以下二年おきに、ダメット、スコット、ロールズと続き、クリプキは五人目の受賞者である。

二〇〇二年　ニューヨーク市立大学大学院センター教授となる。

二〇〇七年　ソール・クリプキ・センター創立。

二〇一一年　哲学論文集『哲学的トラブル』刊行。

二〇一三年　『指示と存在』刊行。

クリプキは、安息日を厳格に守る敬虔なユダヤ教徒である。また、かれは、クワインの哲学に代表される現在のアメリカ哲学の主流とは異なり、自然主義的世界観には反対で、唯物論に根拠はないと考えている。

読書案内

独創的な哲学者においてはまれなことに、クリプキは、どのように革新的な考えを述べる場合でも、何が問題となっているのか、これまで提案されてきた解決法ではなぜ不十分なのか、これから提案される新しい解決法を受け入れるべきだと考えられる理由は何なのか、こうしたことすべてをきわめて形式張らない仕方で明快に説明する才能を持ち合わせている。したがって、いまさら言うのも気が引けるが、クリプキの仕事の解説がほしければ、じつは、クリプキ自身の著作にあたるのが最良の道なのである。よって、まずはつぎをお読みなさいと言うしかない（本文中のクリプキからの引用には、この訳書の頁数を付したが、訳文は私自身によるものである）。

——ソール・A・クリプキ『ウィトゲンシュタインのパラドックス』黒崎宏訳、一九八三年、産業図書

クリプキの議論を、ウィトゲンシュタイン解釈の観点と、それ自体の妥当性の観点の両方から、批判的に検討しているものとして、つぎがある。

――コリン・マッギン『ウィトゲンシュタインの言語論』植木哲也・塚原典央・野矢茂樹訳、一九九〇年、勁草書房

また、

――『現代思想 臨時増刊 総特集 ウィトゲンシュタイン』一九八五年、青土社

に収められている、黒崎宏、クリスピン・ライト、ジョン・マクダウェルの論文、ならびに

――飯田隆（編）『ウィトゲンシュタイン読本』一九九五年、法政大学出版局

中の、松阪陽一、および、生源寺知二の論文も参考になるだろう。第三章で紹介した、懐疑的解決への反論は、前者に含まれているクリスピン・ライトの論文にあるものである。

あと、「グルー」については、いまや古典とよべる

――ネルソン・グッドマン『事実・虚構・予言』雨宮民雄訳、一九八七年、勁草書房

を読まれたい。

＊　＊　＊

本書の最初の版が出版された当時、クリプキの哲学的業績全般についての入門書といったものはほとんどなかった。それから十年余のあいだに、そうした書物は多数出ている。ただし、残念ながら、オリジナルであろうが翻訳であろうが、日本語で書かれたものはない。

規則のパラドックスについての現在の議論状況を知るには、クリプキがウィトゲンシュタインのものとして提出した懐疑的解決に対して出されたさまざまな批判を、体系的に整理するとともに、その各々について評価を与えている、つぎの書物に向かうのが一番だろう。

——Martin Kusch, *A Sceptical Guide to Meaning and Rules: Defending Kripke's Wittgenstein*, 2006, McGill-Queen's University Press.

その副題からもわかるように、著者は懐疑的解決を支持する。さらに、この本を異色なものとしているのは、著者が、クリプキのウィトゲンシュタイン解釈が正しいとする点である。懐疑的解決が必ずしも、意味についての言明を非事実的なものとはしないという議論は、ここに含まれている。

クリプキの哲学的業績全般についての入門書のなかでは、つぎが私にはもっとも面白かった。

——John P. Burgess, *Saul Kripke: Puzzles and Mysteries*, 2013, Polity Press.

著者は、クリプキがプリンストン大学にいたときの同僚でもあったので、他の本では得られないような情報をここから得ることもできるが、クリプキが扱ったどの話題についても、これまでの入門的な扱いとは異なるアプローチが取られている点も興味深い。規則のパラドックスを導入するのに、私はグッドマンの「グルー」を用いたが、この著者は、クワインの規約主義批判を用いている。

クリプキの議論への応答のなかでも、もっとも影響力があり、また哲学的にも興味深いのは、ポール・ボゴシアンとクリスピン・ライトのものである。それぞれ、その応答を論文集にまとめている。第五章で取り上げた意図説への反論は、ボゴシアンに由来する。

——Paul Boghossian, *Content & Justification: Philosophical Papers*, 2008, Oxford University Press.

——Crispin Wright, *Rails to Infinity: Essays on Themes from Wittgenstein's Philosophical Investigations*, 2001, Harvard University Press.

一九七四年のプリンストン大学でのセミナーとピッツバーグ大学での講演についての情報は、もっぱらつぎの二つから得たものである。

——Alan Berger, "Kripke on the Incoherency of Adopting a Logic" in Alan Berger (ed.), *Saul Kripke*, 2011, Cambridge University Press, pp. 177–207.

——Romina Padro, *What the Tortoise Said to Kripke: The Adoption Problem and the Epistemology of Logic*, 2015, Ph. D. Dissertation, The City University of New York.

後者は、クリプキのセミナーの記録からの豊富な引用を含んでいるだけでなく、哲学的にもいろいろと得る点がある論文である。第六章での、ルイス・キャロルのパズルがウィトゲンシュタインの思考に痕跡を残しているという指摘は、この論文に負う。インターネットで見つけることができる。

ついでに言えば、情報環境の急速な変化のおかげで、いまではクリプキの講義やセミナーの模様をYouTubeで容易に見ることができる。ぜひ試してみることを、おすすめする。また、ソール・クリプキ・センターのウェッブサイトからも、多くの情報を得ることができる。たとえば、それによれば、二〇一六年一月にイギリスのヨーク大学で「論理の本性」という学会が開催され、クリプキも「論理の採用問題とクワイン的論理観」という表題の講演を行ったという。クワインの規約主義批判については、つぎの2・3節で詳しく解説しているので、必要ならば参照していただければ幸いである。また、「経験主義のふたつのドグマ」における論理法則の取り扱いが困難をはらんでいることについては、同書の3・5・2節で触れている。

――飯田隆『言語哲学大全Ⅱ　意味と様相（上）』一九八九年、勁草書房

（重版での追記）

この「新版」への関口浩喜氏の書評で気付かされた点を補足した「意味と意図――関口浩喜氏の批評に答えて」が、次に収録されているので、関心のある読者は、参照していただければ幸いである。

――飯田隆『分析哲学　これからとこれまで』二〇二〇年、勁草書房

二〇〇四年版あとがき

これは単に私がクリプキ本人に会ったことがなく、また、かれがこれまでにしてきた仕事の全体——その多くはまだ正式な形で発表されたことがない——を知らないだけということかもしれないが、クリプキというひとは、なにか自分の哲学というものをひとつもっていて、それを体系的に展開するというタイプの哲学者ではないという印象が、私にはある。このひとはむしろ、そのときどきの興味に従ってある問題を取り上げ、それについていちおうの結論が得られたならば、またつぎの問題に進んで行くというタイプの哲学者なのではないかと思うのである。もちろん、異なる問題を扱っても同じひとのすることだから、そうした扱いのあいだにはさまざまな類似点があるだろう。また、そこから何らかの共通のテーマなりモチーフなりを引き出すといったことさえ可能かもしれない。だが、それは、クリプキというひとの個人史に属する事柄であって、かれが意識して作り上げようとしている哲学がそこにあるということではないと思う。

こんなことをなぜくどくど言うかといえば、体系的な哲学者というものが苦手だという意識が私にはあるからである。議論の導くところに従ってどこまでも行くタイプだと思っていた哲学者がじつは、立派な体系をもっていることがわかるといったこと以上に、がっかりさせられることはない。なんだ、結論は決まっていたのじゃないかと、つい思ってしまうからである。絶対の確信がもてるわけではないのだが、クリプキに関してはそんな幻滅をさせられることはないだろうと私は勝手に考えている。

さて、クリプキがこういうタイプの哲学者だということが正しいとすると、では、かれが扱った問題のうちのどれを取り上げるかということになる。公刊された仕事は限られているから、選択肢はそんなに多くない。つぎの四つのうちのどれかと考えてさしつかえない。(1)可能世界の概念による様相論理の分析、(2)『名指しと必然性』で展開された、名前の指示をめぐる議論、(3)うそつきのパラドックスの新しい解決を含む真理概念の分析、そして、(4)『ウィトゲンシュタインのパラドックス』での意味の懐疑論とそれへの懐疑的解決。このうち、(1)と(3)は哲学的にもおもしろい話題なのだが、ちゃんと紹介するとなると論理についての少し込み入った話をしなければならなくなる。(2)は、クリプキの仕事のなかでもっとも大きな影響を与えたものである。その影響は言語哲学にとどまらず、哲学の他のさまざまな分野にも及んでいる。よって、

(2)を取り上げるのが当然のように思われるのだが、これについてはじつは私はすでに別の場所でかなりくわしく論じている。そんなわけで、もう一度というのは勘弁してもらいたい。こうして(4)が残った。

自分勝手な理由で行った選択を弁護するつもりではないが、この選択は必ずしもわるくなかったと思っている。『ウィトゲンシュタインのパラドックス』は、ウィトゲンシュタインの解釈というスタイルを取っている本であるが、そこでクリプキが述べている議論そのものは、ウィトゲンシュタインはおろか、過去の哲学についてほとんど何も知らなくとも理解できる議論である。これに対して、『名指しと必然性』でクリプキが問題としていることがなぜ問題なのかを理解するためには、それ以前にどのような議論が名前の指示に関してなされてきたのかをおおざっぱにでも知っている必要がある。哲学というのは基本的に「勉強する」ものではないと私は思っている。だから、だれが何を言ったかといった類のことなしに、問題そのものから始めるというやり方は、哲学への早道というよりも本道だと言えそうな気がする。

第三章までの本書の内容は、主に大学に入ったばかりの学生を対象とする哲学の授業のなかで話したものである。念のために付け加えておくが、いくら私でも一年中

「グルー」と「クワス」の話をしていたわけではない。長くともせいぜい二か月程度のことだったと思う。「グルー」についての最初の授業のあと、「ぜんぜんわかりません」と言ってきた学生の顔がいまでも目の前に浮かぶ。この本ではもう少しわかりやすくなっていると思いたいものである。

本を出すというときには、頼りになる編集者がいるかどうかで、余計なことに労力を使わないですむかどうかがきまる。今回も私は幸運にめぐまれたようである。池上晴之さんと大場旦さんのお二人に心から感謝する。

二〇〇四年六月十七日

飯田 隆

ちくま学芸文庫版あとがき

これは、二〇〇四年にNHK出版から「シリーズ・哲学のエッセンス」の一冊として出版された『クリプキ――ことばは意味をもてるか』に、ごくわずかの改訂を施し、新しく第5章と第6章をこの改訂版のために書いて、付け加えたものである。

もとの版が出版されてから十年余りのあいだに、ここで扱った話題に立ち返る機会は二度あった。一度目は、『ウィトゲンシュタインのパラドックス』が書物として刊行されてから二十五周年ということで、二〇〇七年の春に東京大学文学部で開催されたシンポジウムで、ポール・ボゴシアン氏の発表にコメントするように頼まれたときであり、二度目は、二〇一一年の秋に、新宿の朝日カルチャーセンターで、クリプキについて三回にわたって話したときである。こちらは、「シリーズ・哲学のエッセンス」とタイアップした企画だったので、腰の重い私も、営業努力のつもりで参加したのである。ほぼ三十年ぶりにクリプキの新しい本が出るというときでもあり、このシリーズで取り上げられた哲学者のなかで唯一存命で、まだまだ新しい仕事が出て来るかもしれないのが、クリプキだということを強調した覚えがある。

前者に関してよく覚えているのは、このシンポジウムのためにボゴシアン氏とともに来日したポール・ホーウィッチ氏（あるいは、ホーリッジ氏――その著書の翻訳はこれまで二冊あるが、両者での表記はこのように違っている）が、哲学の問題が本当にわかったという経験をしたのは、一九七〇年代にクリプキが話すのを聞いたときで、そうした経験は後にも先にもそのときだけだったと話してくれたことである。

それはさておき、シンポジウムのためのボゴシアン氏の原稿を最初に読んだとき、それは、クリスピン・ライトによって提唱されていた、話者の意図によって懐疑的議論に答えるという解決策への重要な反論であると思えた。私はそのときすでに本書のもとの版で、ライトの案が有望であるとしていたので、この反論に答えることが必要であった。

ちくま学芸文庫で新版をというお話をいただいたとき、すぐ考えたのは、この十年近く前の、ボゴシアン氏へのコメントをもっと丁寧な形で書き直してみたいということだった。それには、朝日カルチャーセンターでの話のために、それまで出ていたクリプキ批判を改めて見直した経験も役に立つと思われた。それが役に立たなかったわけではないのだが、今回、新しい章を書くための準備に取り掛かってまもなく気が付いて驚いたのは、ボゴシアン氏が意図説への批判として出していた論点が、すでに一九七四年にクリプキが行ったセミナーや講演のなかで出ていたらしいということであった。ルイス・キャロルのアキレスと亀の教訓を生かそうというのが、私のコメントの趣旨であったが、クリプキがこの寓話から取り出した教訓は、私がそうだと思っていたものよりも、ずっと底が深く、推論の本質という問題を新しく考え直すべきことを示している。その結果は、もともとのコメントをただ詳しく書き直すというだけではすまなくなったことである。

話者の意図に訴えて意味の懐疑論を斥けるという路線は十分擁護可能だと、私はいまでも考えている。そのためには、この路線は、二つの側面で補足され、さらに展開される必要がある。第一は、第五章でも述べたように、ボゴシアン氏のような反論に答えるために、規則に従うことの根底には技能知が存在すると認めることである。ただし、技能知の概念が明らかにされない限り、これは何も言ったことにはならない。技能知とは何か、それは命題知から本当に区別できるのか、技能知は傾向性とどう違うのか、技能知はどうして規範性をもちうるのか、こうした数多くの問いが答を待っている。

第二の側面については、今回、いっさい述べることができなかったので、ここで少しだけ述べておきたい。それは、自身の意図についての知識であっても、それが他人との関係によって支えられていることである。とりわけ、自分の用いる言葉の圧倒的に多くは他人から受け継いだものであるから、言葉をどのような意味で使おうと意図するかは、その言葉を受け継いだそのもとにいる人々の同様の意図と切り離すことはできない。ひとから言葉を学ぶことは、そのひとが意図するのと同じ仕方でその言葉を使おうと意図することを含む。この側面は、ひとが自身の言語についてもっている知識の問題として、自己知の問題の一部でありながら、それ独自の問題を構成する。別の機会に論じてみたいと思っている。

もとの版は現在でも、電子書籍としてインターネットを通じて購入できるはずである。ひょっとすると、もとの版の方が、『ウィトゲンシュタインのパラドックス』への入門書としては、よりコンパクトですっきりしているかもしれない。しかし、それだけではもの足りないという声もあったことを覚えている。したがって、今回の版は、クリプキがウィトゲンシュタインから取り出した主題についての議論の、より最近の状況を伝えるとともに、クリプキのもとのテキストからだけではわからない背景を解説するものとして、その存在意義はあるだろう。この版が可能となったのは、ひとえに、筑摩書房編集局の平野洋子さんの熱意によるものである。電子書籍化によって紙の本としての存在は終わると思っていた私を説得して、新版の手筈を整えてくれたことをはじめとして、結局二つの新しい章を付け加えることに至ったその全過程で、心を砕いていていただいた。

旧版での「あとがき」にも書いたように、もともとの本の主要な部分は、哲学の講義を聴くのが初めてという学生を対象に話したものであるのに対して、今回書き加えた部分のもとになったのは、哲学を専門にしていて、クリプキのウィトゲンシュタイン解釈についてもよく知っているひとたちに向けて書かれたものである。この落差をどうするかが、今回いちばん悩んだところである。現在の形でも、前半と後半では、読みやすさ、説明のわかりやすさ、その他に関していろいろと違いはあるだろうが、それがこの程度で済んでいるのは、平野さんのおかげである。数度にわたって書き直された原稿をその都度ていねいに読み、適切な助言をいただいたことに、心から感謝する。

二〇一六年七月十二日

飯田隆

ら

レドリーン　47
論理学　185-189, 208-210, 217, 219, 220, 222
論理的真理　197, 198
『論理哲学論考』　126, 213
論理の形式化　208

207, 208, 213
スタイル　125
正当化条件　98-100
ゼノンのパラドックス　172, 175
前件　163, 168,
全称例化　161, 164, 166, 178, 186, 198, 199, 203-205, 207, 208
総合的真理　201

た

足アシ算　60, 62, 64, 101
妥当　164-168, 177-180, 186, 188
超仕事　171, 173
テクニカルな概念　208-210
『哲学探究』　116, 117, 119-122, 126, 130, 138, 139, 153, 196, 209, 210, 214
投影主義　95

な

「名指しと必然性」　218, 221, 222
『人間知性の探究』　89

は

排中律　197, 201
パターン　20, 22, 27, 164-168, 177, 178, 186, 191, 199, 205, 206
パラドックス　79, 90, 121, 123, 124, 131, 140-143, 157, 172, 173, 196, 206, 210, 214, 219
ピタゴラスの定理　71
プラス　41-43, 50, 51, 54-57, 59, 68, 72-78, 84, 87, 88, 99-101, 104, 130, 135, 139, 147, 152, 155, 157, 158, 160
プラトニズム　197, 198
ブリーン　29-31, 33, 35, 46, 65, 66
分析的真理　201
ペアノの公理　71
翻訳の不確定性　84

ま

無限背進　169, 170, 178, 183, 187, 199
命題知　192, 193
モードゥス・ポネンス　163, 164, 166, 178-181, 185-187, 207, 208

や

夢の懐疑　48, 49
様相論理　217

182-185, 187-189, 191, 196, 211, 212
規則のパラドックス　131, 142, 143, 145, 172, 192, 211-213
技能知　190-193, 206, 212
帰納的推論　89, 90, 93, 125, 159
帰納法　12-15, 19, 20, 22, 24-29, 215
規範　149, 164, 190
規約主義　197-199, 203, 212, 215
共有知識　169
グリーン推論　21-24, 27, 32
グルー　12, 15-18, 20, 21, 23, 26-36, 43, 45-47, 51, 65-67, 73, 89, 90
グルー推論　21-24, 27, 32
グレッド　25, 46, 66
クワス　41-43, 51, 54-57, 59, 68-70, 72-75, 77, 88, 130, 135, 139, 152, 155, 157
グンク　25
「経験主義のふたつのドグマ」 200, 207
傾向性　143-153, 189, 190
計算機　150
言語規則説　197
後件　163, 168
公理　70, 71, 208
合理性　33
合理的　16, 19, 26, 32
『心の概念』 193
『ことばと対象』 207
五分前世界創造説　50, 52, 54, 82

さ

自己知　156
事実（的）言明　88, 89, 95, 97-100, 105-107, 144
指示の不可測性　85
自身の意図（について）の知識 109, 110, 112, 154, 192
自然主義　147, 223
私的言語　116-120, 124, 196
私秘性　124
邪悪な霊　49, 50
習慣　26, 32, 93
習性　148, 152
条件命題　163, 179
証拠に基づいて　111, 154
信念的態度　85, 86
心理主義　197, 198
真理条件　98
真理の相対主義　107
真理論　219
推論　12, 14-16, 19-22, 24, 26, 28, 32, 156, 159-169, 171, 172, 176-192, 198, 199, 204-208, 211-213, 217
推論規則　176, 178, 179, 185-188,

ラ

ライル，ギルバート　193
ラッセル，バートランド　49, 52, 213

事項索引

あ

ア・プリオリ　202, 218
ア・ポステリオリ　218
アルゴリズム　59, 62
イ色　66, 67
意図　13, 86, 108–112, 143, 145, 150, 153–157, 182, 184, 189–192, 211
色　13, 17, 18, 20, 25, 32, 34, 43–47, 64–67
色見本　65–67
因果関係　90, 91, 93, 94, 96
因果言明　95–99
因果性　92, 95–97
『ウィトゲンシュタインのパラドックス』　36, 38, 55, 73, 77, 92, 100, 105, 115, 116, 120, 121, 128, 130, 143, 144, 151, 196, 211, 213, 214, 222
エメラルド　15, 16, 18, 20–26, 32, 34, 43–48, 64–66
演繹的推論　14, 15, 159, 161, 164, 176, 183

か

懐疑学派　92, 126
懐疑的解決　86, 89, 92, 93, 95, 97, 100, 104, 105, 107, 108, 111, 114, 116, 117, 119, 120, 122, 124, 126, 143, 144, 189, 219
懐疑的仮説　48, 49, 51
懐疑論　48, 50, 52, 55, 82–84, 86, 87, 89, 91, 92, 104, 105, 107, 109–111, 120, 126, 128, 130, 131, 142, 157, 219
懐疑論者　73, 109, 111, 135, 157
解釈　68, 69, 74, 75, 123
数ワエル　63, 64
規則に従う　41, 44, 57, 74, 116, 121, 123, 124, 130, 131, 140–142, 156, 163, 166–169, 180,

人名索引

ア

アンセルムス　125
ウィトゲンシュタイン，ルートウィヒ　114-117, 120-122, 124-128, 130, 131, 143, 153, 186, 193, 196, 208-211, 213-215, 217, 219

カ

キャロル，ルイス　172-174, 176, 178, 179, 196, 203, 210, 212, 214
グッドマン，ネルソン　12, 15, 16, 26, 27, 29, 31-33, 84, 128, 215
クリプキ，ソール・A　36, 38, 39, 55, 77-79, 85, 86, 89, 92, 97, 100, 101, 105, 109, 114-117, 119-122, 124-128, 130, 131, 143-145, 148, 150-152, 154, 156, 186, 196, 200, 202-204, 206-208, 210-212, 214, 215, 217-223
クワイン，ウィラード・ファン・オーマン　84-86, 108, 128, 196, 198-203, 206, 207, 212, 215, 222, 223

サ

ゼノン　125, 172, 173, 175

タ

タルスキ，アルフレート　219, 220
デカルト，ルネ　48, 49, 92, 118, 119

ハ

ヒューム，デイヴィド　26, 89, 90, 92-96, 98, 125, 128
フレーゲ，ゴットロープ　209, 213

ヤ

ユークリッド　174

本書は二〇〇四年七月、ＮＨＫ出版より刊行された『クリプキ――ことばは意味をもてるか』に改訂を施し、第五章「規則のパラドックス」と第六章「論理と規則」を新たに書き下ろしたものである。

自然権と歴史
レオ・シュトラウス
塚崎智／石崎嘉彦訳
自然権の否定こそが現代の深刻なニヒリズムをもたらした。古代ギリシアから近代に至る思想史を大胆に読み直し、自然権論の復権をはかる20世紀の名著。

生活世界の構造
アルフレッド・シュッツ／トーマス・ルックマン
那須壽監訳
「事象そのものへ」という現象学の理念を社会学研究で実践し、日常を生きる「普通の人びと」の視点から日常生活世界の「自明性」を究明した名著。

哲学ファンタジー
レイモンド・スマリヤン
高橋昌一郎訳
論理学の鬼才が、軽妙な語り口ながら、切れ味抜群の思考法で哲学から論理学まで広く論じた対話篇。哲学することの魅力を堪能しつつ、思考を鍛える！

ハーバート・スペンサーコレクション
ハーバート・スペンサー
森村進編訳
自由はどこまで守られるべきか。リバタリアニズムの源流となった思想家の理論の核が凝縮された論考を精選し、平明な訳で送る。文庫オリジナル編訳。

ナショナリズムとは何か
アントニー・D・スミス
庄司信訳
ナショナリズムは創られたものか、それとも自然なものか。この矛盾に満ちた心性の正体を、世界的権威が徹底的に解説する。最良の入門書、本邦初訳。

日常的実践のポイエティーク
ミシェル・ド・セルトー
山田登世子訳
読書、歩行、声。それらは分類し解析する近代的知が見落とす、無名の者の戦術である。領域を横断し、秩序に抗う技芸を描く。（渡辺優）

反解釈
スーザン・ソンタグ
高橋康也他訳
《解釈》を偏重する在来の批評に対し、《形式》を感受する官能美学の必要性をとき、理性や合理主義に対する感性の復権を唱えたマニフェスト。

声と現象
ジャック・デリダ
林好雄訳
フッサール『論理学研究』の綿密な読解を通して、「脱構築」「痕跡」「差延」「代補」「エクリチュール」など、デリダ思想の中心的〝操作子〟を生み出す。

歓待について
ジャック・デリダ
アンヌ・デュフールマンテル序論
廣瀬浩司訳
異邦人＝他者を迎え入れることはどこまで可能か？ギリシャ悲劇、クロソウスキーなどを経由し、この喫緊の問いにひそむ歓待の（不）可能性に挑む。

省察
ルネ・デカルト
山田弘明訳
徹底した懐疑の積み重ねから、確実な知識を探り世界を証明づける。哲学入門者が最初に読むべき、近代哲学の源泉たる一冊。詳細な解説付新訳。

方法序説
ルネ・デカルト
山田弘明訳
「私は考える、ゆえに私はある」。近代以降すべての哲学は、この言葉で始まった。世界中で最も読まれている哲学書の完訳。平明な徹底解説付。

社会分業論
エミール・デュルケーム
田原音和訳
人類はなぜ社会を必要としたか。社会はいかにして発展するか。近代社会学の嚆矢をなすデュルケーム畢生の大著を定評ある名訳で送る。（菊谷和宏）

公衆とその諸問題
ジョン・デューイ
阿部齊訳
大衆社会の到来とともに公共性の成立基盤は衰退した。民主主義は再建可能か？ プラグマティズムの代表的思想家がこの難問を考究する。（宇野重規）

旧体制と大革命
A・ド・トクヴィル
小山勉訳
中央集権の確立、パリ一極集中、そして平等を自由に優先させる精神構造――フランス革命の成果は、実は旧体制の時代にすでに用意されていた。

ニーチェ
ジル・ドゥルーズ
湯浅博雄訳
〈力〉とは差異にこそその本質を有している――ニーチェのテキストを再解釈し、尖鋭なポスト構造主義的イメージを提出した、入門的な小論考。

カントの批判哲学
ジル・ドゥルーズ
國分功一郎訳
近代哲学を再構築してきたドゥルーズが、三批判書を追いつつカントの読み直しを図る。ドゥルーズ哲学が形成される契機となった一冊。新訳。

基礎づけるとは何か
ジル・ドゥルーズ
國分功一郎／長門裕介／西川耕平編訳
より幅広い問題に取り組んでいた、初期の未邦訳論考集。思想家ドゥルーズの「企画の種子」群を紹介し、彼の思想の全体像をいま一度描きなおす。

スペクタクルの社会
ギー・ドゥボール
木下誠訳
状況主義――「五月革命」の起爆剤のひとつとなった芸術＝思想運動――の理論的支柱で、最も急進的かつトータルな現代消費社会批判の書。

論理哲学入門
E・トゥーゲントハット／U・ヴォルフ　鈴木崇夫／石川求訳

論理学とは何か。またそれは言語や現実世界とどんな関係にあるのか。哲学史への確かな目配りと強靭な思索をもって解説するドイツの定評ある入門書。

ニーチェの手紙
茂木健一郎編・解説　塚越敏／眞田収一郎訳

哲学の全歴史を一新させた偉人が、思いを寄せる女性に綴った真情溢れる言葉から、手紙に残した名句まで――書簡から哲学者の真の人間像と思想に迫る。

存在と時間 上・下
M・ハイデッガー　細谷貞雄訳

哲学の根本課題、存在の問題を、現存在としての人間の時間性の視界から解明した大著。刊行時すでに哲学の古典と称された20世紀の記念碑的著作。

「ヒューマニズム」について
M・ハイデッガー　渡邊二郎訳

『存在と時間』から二〇年、沈黙を破った哲学者の後期の思想の精髄。「人間」ではなく「存在の真理」の思索を促す、書簡体による存在論入門。

ドストエフスキーの詩学
ミハイル・バフチン　望月哲男／鈴木淳一訳

ドストエフスキーの画期性とは何か？《ポリフォニー論》と《カーニバル論》という、魅力にみちた二視点を提起した先駆的著作。（望月哲男）

表徴の帝国
ロラン・バルト　宗左近訳

「日本」の風物・慣習に感嘆しつつもそれらを〈零度〉に解体し、詩的素材としてエクリチュールとシーニュについての思想を展開させたエッセイ集。

エッフェル塔
ロラン・バルト　宗左近／諸田和治訳　伊藤俊治図版監修

塔によって触発される表徴を次々に展開させることで、その創造力を自在に操る、バルト独自の構造主義的思考の原形。解説・貴重図版多数併載。

エクリチュールの零度
ロラン・バルト　森本和夫／林好雄訳註

哲学・文学・言語学など、現代思想の幅広い分野に怖るべき影響を与え続けているバルトの理論的主著。詳註を付した新訳決定版。（林好雄）

映像の修辞学
ロラン・バルト　蓮實重彥／杉本紀子訳

イメージは意味の極限である。広告写真や報道写真、そして映画におけるメッセージの記号を読み解き、意味を探り、自在に語る魅惑の映像論集。

ロラン・バルト モード論集
ロラン・バルト
山田登世子編訳
エスプリの弾けるエッセイから、初期の金字塔『モードの体系』に至る記号学的モード研究まで。初期のバルトの才気が光るモード論考集。オリジナル編集・新訳。

呪われた部分
ジョルジュ・バタイユ
酒井健訳
「蕩尽」こそが人間の生の本来的目的である！ 思想界を震撼させ続けたバタイユの主著、45年ぶりの待望の新訳。沸騰する生と意識の覚醒へ！

エロティシズム
ジョルジュ・バタイユ
酒井健訳
人間存在の根源的な謎を、鋭角で明晰な論理で解き明かす、バタイユ思想の核心。禁忌とは、侵犯とは何か？ 待望久しかった新訳決定版。

宗教の理論
ジョルジュ・バタイユ
湯浅博雄訳
聖なるものの誕生から衰滅までをつきつめ、宗教の根源的核心に迫る。文学、芸術、哲学、そして人間にとって宗教の〈理論〉とは何なのか。

純然たる幸福
ジョルジュ・バタイユ
酒井健編訳
著者の思想の核心をなす重要論考20篇を収録。文庫化にあたり「クレー」「ヘーゲル弁証法の基底への批判」「シャプサルによるインタビュー」を増補。

エロティシズムの歴史
ジョルジュ・バタイユ
湯浅博雄／中地義和訳
三部作として構想された『呪われた部分』の第二部。荒々しい力〈性〉の禁忌に迫り、エロティシズムの本質を暴く、バタイユの真骨頂たる一冊。（吉本隆明）

エロスの涙
ジョルジュ・バタイユ
森本和夫訳
エロティシズムは禁忌と侵犯の中にこそあり、それは死と切り離すことができない。二百数十点の図版で構成されたバタイユの遺著。（林好雄）

呪われた部分 有用性の限界
ジョルジュ・バタイユ
中山元訳
『呪われた部分』草稿、アフォリズム、ノートなど15年にわたり書き残した断片。バタイユの思想体系の全体像と精髄を浮き彫りにする待望の新訳。

ニーチェ覚書
ジョルジュ・バタイユ編著
酒井健訳
バタイユが独自の視点で編んだニーチェ箴言集。ニーチェを深く読み直す営みから生まれた本書には二人の思想が相響きあっている。詳細な訳者解説付き。

入門経済思想史　世俗の思想家たち

R・L・ハイルブローナー
八木甫ほか訳

何が経済を動かしているのか。スミスからマルクス、ケインズ、シュンペーターまで、経済思想の巨人たちのヴィジョンを追う名著の最新版訳。

分析哲学を知るための
哲学の小さな学校

ジョン・パスモア
大島保彦／高橋久一郎訳

数々の名テキストで哲学ファンを魅了してきた分析哲学界の重鎮が、現代哲学を総ざらい！　思考や議論の技を磨きつつ、哲学史を学べる便利な一冊。

表現と介入

イアン・ハッキング
渡辺博訳

科学にとって「在る」とは何か？　科学は真理を捉えられるのか？　現代哲学の鬼才が20世紀を揺るがした問いの数々に鋭く切り込む！　（戸田山和久）

社会学への招待

ピーター・L・バーガー
水野節夫／村山研一訳

社会学とは、「当たり前」とされてきた物事をあえて疑い、その背後に隠された謎を探求しようとする営みである。長年親しまれてきた大定番の入門書。

聖なる天蓋

ピーター・L・バーガー
薗田稔訳

全ての社会は自らを究極的に審級する象徴の体系、「聖なる天蓋」をもつ。宗教について理論・歴史の両面から新たな理解をもたらした古典的名著。

人知原理論

ジョージ・バークリー
宮武昭訳

「物質」なるものなど存在しない――。バークリーの思想的核心が、平明このうえない訳文と懇切丁寧な注釈により明らかとなる。主著、待望の新訳。

デリダ

ジェフ・コリンズ
鈴木圭介訳

「脱構築」「差延」の概念で知られるデリダ。現代思想に偉大な軌跡を残したその思想をわかりやすくビジュアルに紹介。丁寧な年表、書誌を付す。

ビギナーズ倫理学

デイヴ・ロビンソン文
クリス・ギャラット画
鬼澤忍訳

正義とは何か？　なぜ善良な人間であるべきか？　倫理学の重要論点を見事に整理した、道徳的カオスの中を生き抜くためのビジュアル・ブック。

宗教の哲学

ジョン・ヒック
間瀬啓允／稲垣久和訳

古今東西の宗教の多様性と普遍性は、究極的実在に対する様々に異なるアプローチであり応答である。「宗教的多元主義」の立場から行う哲学的考察。

自我論集
ジークムント・フロイト
竹田青嗣編
中山元訳
フロイト心理学の中心、「自我」理論の展開をたどる新編・新訳のアンソロジー。「快感原則の彼岸」「自我とエス」など八本の主要論文を収録。

明かしえぬ共同体
モーリス・ブランショ
西谷修訳
G・バタイユが孤独な内的体験のうちに失うという形で見出した〈共同体〉。そして、M・デュラスが描いた奇妙な男女の不可能な愛の〈共同体〉。

フーコー・コレクション
（全6巻＋ガイドブック）
ミシェル・フーコー
小林康夫／石田英敬／松浦寿輝編
20世紀最大の思想家フーコーの活動を網羅した『ミシェル・フーコー思考集成』。その多岐にわたる思考のエッセンスをテーマ別に集約する。

フーコー・コレクション1
狂気・理性
ミシェル・フーコー
小林康夫／石田英敬／松浦寿輝編
第1巻は、西欧の理性がいかに狂気を切りわけてきたかという最初期の問題系をテーマとする諸論考。〝心理学者〟としての顔に迫る。（小林康夫）

フーコー・コレクション2
文学・侵犯
ミシェル・フーコー
小林康夫／石田英敬／松浦寿輝編
狂気と表裏をなす「不在」の経験として、文学がフーコーによって読み解かれる。人間の境界＝極限を、その言語活動に探る文学論。（小林康夫）

フーコー・コレクション3
言説・表象
ミシェル・フーコー
小林康夫／石田英敬／松浦寿輝編
ディスクール分析を通しフーコー思想の重要概念も精緻化されていく。『言葉と物』から『知の考古学』へ研ぎ澄まされる方法論。（松浦寿輝）

フーコー・コレクション4
権力・監禁
ミシェル・フーコー
小林康夫／石田英敬／松浦寿輝編
政治への参加とともに、フーコーの主題として「権力」の問題が急浮上する。規律社会に張り巡らされた巧妙なるメカニズムを解明する。（松浦寿輝）

フーコー・コレクション5
性・真理
ミシェル・フーコー
小林康夫／石田英敬／松浦寿輝編
どのようにして、人間の真理が〈性〉にあるとされてきたのか。欲望的主体の系譜を遡り、「自己の技法」の主題へと繋がる論考群。（石田英敬）

フーコー・コレクション6
生政治・統治
ミシェル・フーコー
小林康夫／石田英敬／松浦寿輝編
西洋近代の政治機構を、領土・人口・治安など、権力論から再定義する。近年明らかにされてきたフーコー最晩年の問題群を読む。（石田英敬）

フーコー・コレクション
フーコー・ガイドブック

ミシェル・フーコー
小林康夫／石田英敬／
松浦寿輝編

20世紀の知の巨人フーコーは何を考えたのか。主要著作の内容紹介・本人による講義要旨・詳細な年譜で、その思考の全貌を一冊に完全集約！

マネの絵画

ミシェル・フーコー
阿部崇訳

19世紀美術史にマネがもたらした絵画表象のテクニックとモードの変革を、13枚の絵で読解。フーコーの伝説的講演録に没後のシンポジウムを併録。

間主観性の現象学　その方法

エトムント・フッサール
浜渦辰二／山口一郎監訳

主観や客観、観念論や唯物論を超えて「現象」そのものを解明したフッサール現象学の中心課題。現代哲学の大きな潮流「他者」論の成立を促す。本邦初訳。

間主観性の現象学II　その展開

エトムント・フッサール
浜渦辰二／山口一郎監訳

フッサール現象学のメインテーマ第II巻。自他の身体の構成から人格的生の精神共同体までを分析し、真の関係性を喪失した孤立する実存の限界を克服。

間主観性の現象学III　その行方

エトムント・フッサール
浜渦辰二／山口一郎監訳

間主観性をめぐる方法、展開をへて、その究極の目的（行方）が、真の人間性の実現に向けた普遍的目的論として呈示される。壮大な構想の完結篇。

内的時間意識の現象学

エトムント・フッサール
谷徹訳

時間は意識のなかでどのように構成されるのか。哲学・思想・科学に大きな影響を及ぼしている名著の新訳。詳密な訳注を付し、初学者の理解を助ける。

リベラリズムとは何か

マイケル・フリーデン
山岡龍一監訳
寺尾範野／森達也訳

政治思想上の最重要概念でありながら、どこか曖昧でつかみどころのないリベラリズム。その核心をこのうえなく明快に説く最良の入門書。本邦初訳。

風土の日本

オギュスタン・ベルク
篠田勝英訳

自然を神の高みに置く一方、無謀な自然破壊をする日本人の風土とは何か？　フランス日本学の第一人者による画期的な文化・自然論。（坂部恵）

ベンヤミン・コレクション1

ヴァルター・ベンヤミン
浅井健二郎編訳
久保哲司訳

ゲーテ『親和力』論、アレゴリー論からボードレール論を経て複製芸術論まで、ベンヤミンにおける近代の意味を問い直す、新訳のアンソロジー。

ベンヤミン・コレクション2
ヴァルター・ベンヤミン
浅井健二郎編訳
三宅晶子ほか訳

中断と飛躍を恐れぬ思考のリズム、巧みに布置された理念やイメージ。手仕事的細部に感応するエッセイの思想の新編・新訳アンソロジー、第二集。

ベンヤミン・コレクション3
ヴァルター・ベンヤミン
浅井健二郎編訳
久保哲司訳

過去／現在を思いだすこと――独自の歴史意識に貫かれた《想起》実践の各篇「一方通行路」「ドイツの人びと」「ベルリンの幼年時代」などを収録。

ベンヤミン・コレクション4
ヴァルター・ベンヤミン
浅井健二郎編訳
土合文夫ほか訳

〈批評の瞬間〉における直観の内容をきわめて構成的に叙述したベンヤミンの諸論考――初期の哲学的思索から同時代批評まで――を新訳で集成。

ベンヤミン・コレクション5
ヴァルター・ベンヤミン
浅井健二郎編訳
土合文夫ほか訳

文学、絵画、宗教、映画――主著と響き合い、新たな光を投げかけるベンヤミン〈思考〉の断片を立体的に集成。新編・新訳アンソロジー、待望の第五弾。

ベンヤミン・コレクション6
ヴァルター・ベンヤミン
浅井健二郎編訳
久保哲司ほか訳

ソネット、未完の幻想小説風短編など、ベンヤミンの知られざる創作世界を収録。『パサージュ論』成立の背後を明かすメモ群が注目の待望の第六弾。

ベンヤミン・コレクション7
ヴァルター・ベンヤミン
浅井健二郎編訳

文人たちとの対話を記録した日記、若き日の履歴書、死を覚悟して友人たちに送った手紙――20世紀を代表する評論家の個人史から激動の時代精神を読む。

ドイツ悲劇の根源（上）
ヴァルター・ベンヤミン
浅井健二郎訳

〈根源〉へのまなざしが、〈ドイツ・バロック悲劇〉という天窓を通して見る、存在と歴史の〈星座〉（状況布置）。ベンヤミンの主著の新訳決定版。

ドイツ悲劇の根源（下）
ヴァルター・ベンヤミン
浅井健二郎訳

上巻「認識批判的序章」「バロック悲劇とギリシア悲劇」に続けて、下巻は「アレゴリーとバロック悲劇」に、関連の参考論文を付して、新編でおくる。

パリ論／ボードレール論集成
ヴァルター・ベンヤミン
浅井健二郎編訳
久保哲司／土合文夫訳

『パサージュ論』を構想する中で書きとめられた膨大な覚書を中心に、パリをめぐる考察を一冊に凝縮。ベンヤミンの思考の核を明かす貴重な論考集。

ちくま学芸文庫

規則《きそく》と意味《いみ》のパラドックス

二〇一六年九月 十 日 第一刷発行
二〇二二年五月十五日 第二刷発行

著 者 飯田隆（いいだ・たかし）
発行者 喜入冬子
発行所 株式会社 筑摩書房
東京都台東区蔵前二―五―三 〒一一一―八七五五
電話番号 〇三―五六八七―二六〇一（代表）
装幀者 安野光雅
印刷所 株式会社精興社
製本所 株式会社積信堂

ISBN978-4-480-09743-9 C0110